Ferdinand Zehender

Dr. Jakob Dubs - ein schweizerischer Republikaner

Ferdinand Zehender

Dr. Jakob Dubs - ein schweizerischer Republikaner

ISBN/EAN: 9783743427389

Hergestellt in Europa, USA, Kanada, Australien, Japan

Cover: Foto ©ninafisch / pixelio.de

Weitere Bücher finden Sie auf **www.hansebooks.com**

Dr. Jakob Dubs,

ein schweizerischer Republikaner.

Motto: Leben heißt wirken.

Eine Volksschrift.

Zürich.
Druck und Verlag von Orell Füßli & Co.
1880.

Inhalt.

I. Kapitel: Herkunft. Früheste Jugendjahre (1822—34) 1
II. Kapitel: Studienjahre (1834—46) 8
III. Kapitel: Eintritt in's praktische Leben (1846—55) . 17
IV. Kapitel: Dubs an der Spitze der Regierung des Kantons Zürich (1855—61) 32
V. Kapitel: Dubs als Mitglied des Bundesraths (1861—72) ... 46
VI. Kapitel: Letzte Jahre (1872—79) 63
Rückblick 82

Vorwort.

Mit Recht wird es von Vielen als ein Glück gepriesen, in der Schweiz geboren zu sein. Mancher, der später segensreich in seinem Kreise wirkte, verdankte einen guten Theil seiner Tüchtigkeit der gesunden Luft unserer Heimat, den Eindrücken ihrer schönen Natur, dem Geiste der Freiheit und Selbständigkeit, der sich in unsern öffentlichen Einrichtungen ausprägt. Dem Sohne unserer Republik steht, mag er auch dem entlegensten Dörfchen angehören und angewiesen sein auf das Brod der Armut, wenn er tüchtige Gaben besitzt, der Weg offen zu den höchsten Stellen, die ein Freistaat seinen Bürgern anvertrauen kann. Freilich liegen diese ihm nicht schon als sicheres Erbtheil in der Wiege, wie dem Erbprinzen Szepter und Krone, sie wollen durch muthige, ausdauernde Arbeit errungen sein; aber wer Lust und Kraft in sich fühlt, dem Vaterland seine Dienste zu weihen, dem stählt der Gedanke an jene vor ihm sich öffnende Laufbahn den Sinn und den Willen und macht beide der höchsten Anstrengung fähig.

Es hat einen besondern Reiz, einem Manne, den Begabung und glückliche Umstände auf eine solche Laufbahn hinwiesen, durchs Leben zu folgen, zu beobachten, wie er Schätze des Wissens sich sammelt, wie er das Schwert schärft zum spätern Kampf, wie er die ersten Schritte wagt ins praktische Leben, und wie er dann mit männlichem Muth auf sein Ziel losschreitet, bald getragen von tüchtigen Genossen, bald selbständig neue Pfade brechend. Je mehr ihm gelingt, desto mehr wächst sein Glaube an den guten Kern im Volke und an den Beruf, der seinem Vaterland im Kranz der andern Länder zu Theil geworden.

Ein solcher Mann war Jakob Dubs, der, dem ländlichen Hauptort des zürcherischen Bezirkes Affoltern entsprossen, als Verhörrichter, Staatsanwalt, Regierungsrath, Bundesrath und Bundesrichter seinem Vaterlande die mannigfaltigsten Dienste geleistet. Für die Jugend ist es erhebend und begeisternd, einem solchen Lebensgang nachzugehen, für den erwachsenen Bürger anregend, sich der Ereignisse zu erinnern, an welchen ein Mann aus dem Volke handelnd sich mitbetheiligte, und so einen Theil der neuern vaterländischen Geschichte mit ihm durchzuleben. Entscheidende Fragen treten ihm in klareres Licht, wenn er sieht, welche Kämpfe in kantonalen und eidgenössischen Räthen manche der Errungenschaften kostete, deren Früchte wir jetzt ohne Opfer und ungestört genießen.

Endlich ist es auch eine Ehrenpflicht, das Bild eines Mannes in der Erinnerung aufzufrischen, der in seinem Wesen glücklich die Eigenschaften vereinigte, die zu einem ächten Republikaner gehören. Er war nicht einseitig ein Mann des Wortes und der Feder, er war zugleich ein Mann der That, der zu der klaren Idee das treffende Wort und zum treffenden Wort die persönliche Leistung hinzufügte. So erweckte er Vertrauen und hat es in reichlichem Maße genossen. Dazu trug bei, daß er, — was in der Republik nicht hoch genug anzuschlagen ist, — einen freien Rücken hatte, in seinem Privatleben durchaus unbescholten dastand. Wie mächtig wirkt in Kämpfen, wo Ueberzeugung gegen Ueberzeugung steht, das Bewußtsein: Mögen sie noch so heftig meine Grundsätze und Ansichten angreifen, meine Ehre, meinen guten Namen müssen sie unangetastet lassen, — und wirklich, mochten auch Zeiten kommen für den Helden dieser Lebensgeschichte, wo Viele mit Bedauern, Andere mit

Entrüstung seine Ansichten mißbilligten, — seine Haltung im Leben hat kein Gegner von Gewicht angerührt, hier war und blieb seine unverwundbare Seite.

Wir werden bei der Erzählung seiner Erlebnisse keiner künstlich aufgetragenen Farben bedürfen; wir können seine eigenen Worte und die Thatsachen reden lassen, so wie sie sich uns bieten. Wir haben nicht im Sinne, in längern Erörterungen auf die politischen Fragen einzugehen, die Dubs mitzulösen hatte; wir erzählen, soweit sich dies auseinanderhalten läßt, als Biograph und nicht als Politiker und suchen zu zeigen, wie der Mensch, der Bürger, der Republikaner Dubs in verschiedenen Lebensstellungen seine Gaben verwerthete, sei's mit anerkanntem, sei's mit bestrittenem Erfolg, und verschweigen werden wir es auch nicht, wo seine Haltung Tadel und Mißbilligung hervorrief. Niemand trifft unter allen Umständen das Rechte, und lernen können wir mehr aus einem Lebensbild, das auch Schattenseiten berührt, als aus einem solchen, das, in eine Wolke von Verherrlichung gehüllt, die wahren Züge nicht mehr erkennen läßt.

Freunde des Verewigten ersuchten den Verfasser, diese biographische Arbeit zu übernehmen. Nur ungern entschloß ich mich dazu, da ich ihn nicht gekannt, nie mit ihm in persönlichem Verkehr gestanden. Besser wäre die Arbeit in die Hand eines Jugendgenossen gelegt worden, der, wenigstens in Bezug auf viele wichtige Punkte, als Augenzeuge hätte erzählen können. Indessen, da kein Näherstehender sich zur Uebernahme entschloß, da auf der ändern Seite es mir als eine dankbare Aufgabe erschien, der Jugend und dem Volk das Bild eines solchen Mannes vorzuführen, entschloß ich mich dazu unter der Bedingung, daß mir außer den Druckschriften soviel als möglich briefliches Material zur Verfügung gestellt werde. Nach diesen Quellen und mündlicher Ueberlieferung suchte ich mir ein möglichst treues Bild zu gestalten. Schon wegen des beschränkten Umfanges, auf den die Arbeit als **Volksschrift** angewiesen war, kann das hier Gebotene nicht auf Vollständigkeit Anspruch machen. Auch wird man leicht die Partien herausfinden, für welche die Quellen spärlicher flossen, wie dies z. B. in Betreff der Studienzeit der Fall war. Treue und Zuverlässigkeit der Darstellung schien mir ein Hauptgebot; es ist keine Thatsache aufgenommen, die sich nicht auf glaubwürdige mündliche oder schriftliche Ueberlieferung stützen könnte. Der Familie, sowie den vielen Freunden des Verewigten, welche mir durch Beiträge die Arbeit erleichterten, sage ich hiemit meinen aufrichtigen Dank.

So möge die kleine Schrift dazu dienen, das Andenken des trefflichen Mannes, von dem sie spricht, in würdiger Weise aufzufrischen. Wer mehr und Treffenderes über ihn zu sagen weiß, halte es nicht zurück; er thut damit auch dem Vaterlande einen Dienst, das ihn geboren.

Fluntern, den 21. Juni 1880.

F. Behender.

Erstes Kapitel.
Herkunft und früheste Jugendjahre.
(1822—34).

> Auf den blauen Bergen der ersten Kinderzeit, nach welchen wir uns ewig umwenden, stehen die Mütter auch, die uns von da herab das Leben gewiesen.
> Jean Paul.

Im Hauptorte des ehemaligen Knonauer Amtes, mitten in dem stattlichen Flecken Affoltern, hat Jakob Dubs am 26. Juli 1822 das Licht der Welt erblickt. Das wohlgebaute, für die Zwecke einer Wirthschaft und Mezgerei eingerichtete Gasthaus zur Krone, früher zum Steinbock, war die Stätte seiner Kinderjahre. Sein Großvater von väterlicher Seite war der betriebsame, in Landwirthschaft und Viehhandel erfahrene Richter Hans Dubs von Birmensdorf-Aesch, geb. 1751. Nicht nur hatte er die „Krone" gekauft und das darin betriebene Geschäft in guten Gang gebracht, sondern auch die eine Viertelstunde entfernte Mühle im „Loo" und das Bürgerrecht der Gemeinde sich erworben. Als ein Mann voll Umsicht und Energie sorgte er wacker für die Zukunft der Seinigen. Von seinen drei Söhnen Rudolf, Jakob und Felix scheint der zweite, Jakob Dubs, geb. 1798, besonders die Eigenschaften des Vaters geerbt zu haben. Auch er besaß einen hellen Verstand und praktischen Sinn; unternehmend wie sein Vater, auch schlau bis auf einen gewissen Grad, dehnte er das Geschäft aus und mehrte den Besitz; dagegen fehlte ihm eine über das Gewöhnliche hinausgehende Bildung, und zu seiner starken Willenskraft gesellte sich, besonders in den spätern Jahren, unnachgibiger Eigensinn und ein heftig aufbrausendes Wesen. Um so zarter und edler war seine Gattin angelegt, mit ihm im gleichen Jahr 1798 geboren, Barbara Näf von

Heisch-Hausen, mit welcher er sich 1820 verheirathete. Da sie auf den begabten einzigen Sohn, dessen Leben wir erzählen, einen entscheidenden Einfluß übte, suchen wir uns zunächst von ihr ein deutliches Bild zu gestalten.

Auch sie gehört ihrer Abkunft nach dem „Amte" an. Ihr Stammbaum läßt sich bis auf jenen tapferen Büchsenschützen Adam Näf von Vollenweid am Albis zurückführen, der in der Schlacht bei Kappel (1531) das Banner Zürichs retten half. Dann sind uns von ihrem Großvater einige bezeichnende Züge aufbewahrt. Das war ein Mann von frischem, urkräftigem, unternehmendem Sinn. Nachdem er den Beruf eines Arztes erlernt, durchzog er — ein in jener Zeit seltenes Unternehmen — das noch wenig bekannte Amerika. Zurückgekehrt gründete er einen häuslichen Herd und scheint seine für jene Zeit ungewöhnliche Bildung und Weltkenntniß, sowie seine freiern Grundsätze auch seinem Sohne eingepflanzt zu haben. Dieser wurde Verwalter der Domäne Kappel, trug den Titel Amtshauptmann und hatte nicht wenig Ansehen und Einfluß im Bezirk. Seine Gattin gehörte zu jenen bibelfesten Frauen der alten Zeit, die nicht müde wurden, des Volkes damals fast einziges Lesebuch, die Bibel, von Anfang bis Ende durchzulesen; nicht nur Kapitel, ganze Bücher derselben wußte sie auswendig von Vers zu Vers. Mit dem Bibellesen verband sie das Spinnen und begleitete so ihre Arbeit mit höhern Gedanken. Diese ernste Richtung verlieh ihrem Wesen bis ins hohe Alter eine wohlthuende Ruhe; ihre ungetrübte Heiterkeit zog die Kinder an, so daß sie gerne um sie weilten, wie ihr Enkel selbst den Seinen erzählt hat. Auf ihre Tochter, Dubs Mutter, ging ihr ernster und fester Charakter, vielleicht auch etwas aristokratischer Familienstolz, gewiß aber ihre tief religiöse Gesinnung über. Die Eltern trugen dafür Sorge, diese Tochter mit einer gesunden Bildung des Geistes und Gemüthes auszustatten und Empfänglichkeit für alles Gute und Schöne in ihr zu wecken. Der Aufenthalt in den geheimnißvollen Klosterräumen von Kappel, wie auch die freundlichen Umgebungen ihres Heimatortes mögen ihrer Phantasie reichliche Nahrung gegeben haben. Herangewachsen muß sie eine schöne und in mancher Beziehung ungewöhnliche Erscheinung gewesen sein. Schon durch ihre

Größe übertraf sie die meisten Frauen ihrer Umgebung. Dabei sprachen Anmuth und herzgewinnende Freundlichkeit aus ihren Zügen und erhielten dieselben geistig lebendig bis in die alten Tage. Wie andere tüchtige Frauen hatte sie, je kräftiger sie im äußern Gebiet des Hauswesens waltete, um so mehr das Bedürfniß, sich auch eine innere Welt aufzubauen; doch war es nie ihre Art, ins blinde Blaue hinein zu träumen, vielmehr fühlte sie die Kraft in sich, den Bildern der Zukunft, die sie beschäftigten, feste Gestalt zu geben. Wie sichs um die Berufswahl des einzigen Sohnes handelte, hat sie gezeigt, daß sie Lieblingsgedanken nicht blos im stillen Innern nährte, sondern sie auch, wenn dazu die Zeit gekommen war, mit der ganzen Energie ihres Willens zu verwirklichen strebte.

Mit Jakob Dubs vermählt, verlebte sie die ersten Jahre ihres Ehestandes im Gasthaus zur Krone, siedelte dann 1826 über auf die Mühle im Loo, um 1828 nach dem Tode ihres Schwiegervaters wieder in die Krone zurückzukehren. Ihr erstes Kind starb schon einige Monate nach der Geburt im Jahr 1821. Im nächsten Jahre 1822 folgte der einzige Sohn, der seines Vaters Namen Jakob erhielt und von dem diese Blätter erzählen, dann 1824 eine zweite Tochter Susanna, die mit dem ihr im Alter am nächsten stehenden Bruder, an Reichthum des Gemüths und freundlichem Wesen ihm verwandt, stets durch die innigste Anhänglichkeit verbunden blieb. Eine dritte Tochter, Ursula, hübsch und geistig lebhaft, folgte 1826, eine vierte, Karoline, mit reicher Phantasie ausgestattet, leicht erregbar, verständig und äußerst gutherzig, 1828; zwei noch jüngere Mädchen starben in früher Jugend dahin. So entwickelte sich im Lauf der Jahre ein reiches Familienleben, in welchem Gaben des Geistes und Gemüthes manigfaltig vertheilt waren. Der ungewöhnlich gesund und kräftig heranblühende Knabe wurde bald das belebende Element im Geschwisterkreise, wie er hinwieder dem geistig regsamen Kleeblatt von Schwestern mancherlei Anregung verdankte. Dessen eingedenk blieb er auch später stets ihr treuer Rathgeber und Freund; die in der Jugend enggeknüpften Familienbande blieben ihm heilig durchs ganze Leben.

In den Räumen der Mühle, am rauschenden Bach, im Baumgarten, Feld und Wald bot sich Gelegenheit genug, die Glieder zu regen und an der frischen Luft der ländlich schönen Gegend zu erstarken. Auch Phantasie und Gemüth blieben nicht unentfaltet. Dem noch nicht schulpflichtigen Knaben lag es ob, wie weiland den Söhnen Jakobs, die Schafe des Vaters in stiller Morgenstunde zur Weide zu begleiten. Da saß er oft, seines Amtes wartend, auf schöner Höhe der Heimat in tiefem Sinnen inmitten seiner kleinen Heerde. Wenn er dann hinüber schaute ins blühende Aargau, hinunter auf die Reuß, die sich wie ein silberner Faden im Morgenglanz durch das fruchtbare Gelände hinschlängelte, wenn vom Thurme des Klosters Muri im Strahl der aufgehenden Sonne das weithin sichtbare vergoldete Kreuz ihm entgegenglänzte — da bewegten ihn mächtige Gefühle, die er heimkehrend gerne seinen Geschwistern schilderte. So trat früh sein tiefes Gemüth zu Tage, und da er, wie seine Mutter, für das Schöne in der Welt ein offenes Auge hatte, so blieben diese Streifereien in der ländlichen Umgebung des Vaterhauses, in einer Gegend, die, manigfaltig gestaltet und mit Fruchtbarkeit gesegnet, da und dort den freien Ausblick auf den Zugersee und den Kranz der Alpen gewährt, sicherlich nicht ohne Einfluß auf sein inneres Leben. Leider sind uns andere bestimmte Züge, aus welchen dies sich hätte deutlicher erkennen lassen, nicht aufbehalten.

Im Jahr 1828, als der Knabe schulpflichtig wurde, kehrte die Familie, wie schon erwähnt, in den vielbesuchten Gasthof zur Krone zurück, den von nun an Dubs' Vater als Wirth und Mezger betrieb. Da gab es für Vater und Mutter Arbeit genug, das große Geschäft gehörig zu betreiben; außerdem fielen auch noch die Geschäfte einer Posthalterin der energischen Hausfrau zu, die bald die heranwachsenden Töchter dazu anleitete, zu helfen und im Nothfalle ihre Stelle zu vertreten. Während der Vater das Geschäft im Großen leitete, ordnete die Mutter mit Umsicht und Aufopferung des Hauses innere Angelegenheiten und übte zugleich einen bestimmenden Einfluß auf die Erziehung der Kinder. Ihr Liebling war der einzige Sohn, daß einst etwas Rechtes aus ihm werden möge, ihre stille Hoffnung. Es gehörte zu ihren Mutterfreuden, wenn sie sah, wie leicht der mit glücklichem Frohsinn begabte Knabe, von dessen früher Schönheit und Liebenswürdigkeit noch jetzt die Leute seiner damaligen Umgebung erzählen, die Zuneigung der Nachbarn gewann, und wie er's in der Schule mit den Besten seines Alters aufnehmen konnte. Ihr geistiger Scharfblick verfolgte unverwandt seine Fortschritte, und bald stand bei ihr fest, daß ihm eine andere Laufbahn bestimmt sein werde, als Vater und Großvater einge- schlagen. Gerne zog sich der Knabe manchmal am Abend aus der Unruhe des Wirthshauses zurück und fand sich als willkommener kleiner Gast in der „untern Mühle" ein, wo er, um sein öfteres Kommen zu entschuldigen, wenn er in die Stube eingetreten war, die Hände auf dem Rücken, sich an einen Wandschrank zu stellen pflegte mit der schalkhaften Frage: „Bin i au scho wieder do?" Da hörte er gerne mit an, was die Leute verhandelten, wurde auch schon mit ins Gespräch gezogen, und man hatte an seinem klugen und heitern Wesen Wohlgefallen. In dieser „untern Mühle" fand er die erste Zuflucht in einer Nacht, die für das väterliche Haus hätte verhängnißvoll werden können, als einst dicht neben dem Schlafgemach der Kinder Feuer ausgebrochen war. Eine der Schwestern, deren Bett schon die Flammen ergriffen hatten, trug Brandwunden davon, der Kleine konnte noch rechtzeitig dem gefähr= lichen Element entrissen werden und kam in der Aufregung des Schreckens im bloßen Hemdchen bei seinen Freunden im Nachbar= hause an.

Daß der zürcherische Theil des freien Amtes damals in manchen Dingen andern Kantonstheilen frisch voranschritt, trug wesentlich bei zur glücklichen Entscheidung der wichtigsten Lebensfrage, welche in Dubs Jugendzeit zu lösen war. Im Amthause zu Knonau wohnte in den Zwanziger Jahren als Oberamtmann der bekannte nachherige Bürgermeister Melchior Hirzel, ein aufgeklärter, auf Hebung des Volkswohls aufrichtig bedachter Mann. An der Spitze der gemein= nützigen Gesellschaft des Bezirks, deren Seele er war, führte er, mit den besten Männern der Gegend im Bunde, manche wohl= thätige Einrichtung ins Leben. Eine seiner verdienstlichsten Schöpfungen war die in Mettmenstetten gegründete Amtsschule.

Zu einer Zeit, da der übrige Kanton noch keine Sekundarschulen besaß, hatten jene Gründer mit offenem Blick die Zeitbedürfnisse erkannt und durch eine Schule, die zwischen Volksschule und Gymnasium oder Industrieschule die Brücke bilden sollte, strebsamen Söhnen den Weg zu einer gründlichen Bildung und zu weitern Studien gebahnt. Schwerlich hätte die treffliche, weitblickende Mutter des spätern Bundesrathes ihrem Liebling die Erlaubniß erkämpfen können, den Weg der Studien einzuschlagen, hätte nicht diese Amtsschule, die vom Vaterhaus aus erreicht werden konnte, ihm zur Entfaltung seiner Talente die erste Gelegenheit gegeben. Wie Dubs bewahrten noch Andere jener Amtsschule von Mettmenstetten, der Vorläuferin der Sekundarschulen des Kantons, und besonders dem Wirken des verdienten Lehrers Heß ein dankbares Andenken.

Diese Schule gab dem begabten Knaben Gelegenheit, in einem größern Kreis von Genossen sein Licht leuchten zu lassen, und er wurde bald die Freude des Lehrers, der seine bedeutenden Anlagen erkannte, wie der Stolz der Mutter, die ihre Hoffnung wieder um einen Schritt der Erfüllung näher kommen sah.

Aber, wie nun der Knabe ins zwölfte Jahr eingetreten war, und auf Ostern 1834 die Entscheidung bevorstand über den Lebensweg, den er einschlagen sollte, da kamen für die Mutter manche schwere Stunden. In andern Dingen war sie gewohnt, ihre Wünsche denen des Gatten unterzuordnen und um des Friedens willen ohne Murren auch Schweres zu ertragen; in dieser Frage hielt sie es für heilige Mutterpflicht, ihre Ueberzeugung bis aufs Aeußerste zu verfechten und auf ihre schönste Hoffnung nicht zu verzichten. Des Vaters entschiedener Wunsch ging dahin, daß der einzige Sohn einst das von ihm betriebene Geschäft übernehme; vom Studieren wollte er nichts wissen. Der Sohn konnte so zu sagen nur hineinsitzen ins Geschäft, konnte bei seiner Tüchtigkeit einst in der Gemeinde eine ehrenvolle Stellung einnehmen, das war die Hoffnung, an welcher der alte Dubs mit Zähigkeit festhielt, hatte er doch ihrer Erfüllung auf alle Art vorgearbeitet! Wie mancher Sohn, dachte er, hätte sich glücklich geschätzt, einfach ernten zu können, was der Vater gesäet! — Es brauchte einen unerschütterlichen Muth von Seite der Mutter, solchen Gründen gegenüber ihre Meinung festzuhalten. Der Glaube, daß es sich um das Lebensglück des reichbegabten Kindes handle, und daß es ihr gelingen müsse, dasselbe auf i h r e Weise zu begründen, gab ihr Kraft, Alles zu thun, um ihren Zweck zu erreichen. Mit verständigem Wort und dringenden Bitten, mit Hinweisung auf die ungewöhnlichen Fortschritte des Knaben, endlich auch mit der energischen Erklärung ihrer Ansicht drang sie endlich durch, und es wurde beschlossen, Jakob auf Ostern ins Gymnasium von Zürich eintreten zu lassen. Erst nach Jahren gab der Vater zu, über die Erfolge des Sohnes erfreut, die Mutter habe doch Recht gehabt. Wohl kann man begreifen, daß eine solche Mutter, die mit sicherem Gefühl ahnte, was in der Seele ihres Kindes sich entwickeln wollte, des Sohnes volles Vertrauen und dankbare Liebe gewann. Sie war und blieb, wie Familienerinnerungen bezeugen, die „Lichtgestalt seines Lebens".

Zweites Kapitel.
Studienjahre.
1834—1846.

Vor Jedem steht ein Bild deß, was er werden soll.
So lang er dies nicht hat, ist nicht sein Friede voll.
Rückert.

Als Gymnasiast in die 1. Klasse des untern Gymnasiums Zürich aufgenommen, wußte der zwölfjährige gemüthvolle und lernbegierige Knabe rasch die Herzen der neuen Mitschüler zu erobern. Im Latein holte er dieselben, welche das Fach schon drei Jahre getrieben, Dank der trefflichen Methode des noch jugendlichen Dr. Sauppe (jetzt Professor der Hochschule Göttingen), in einigen Monaten ein. Als gewandter Kopfrechner zeichnete er sich bald besonders in der Mathematik aus und wurde später ein Lieblingsschüler von Professor Raabe, der bekanntlich sein Fach mit Meisterschaft beherrschte. Bei den damals noch üblichen Lokationen behauptete er stets einen Platz in der obern Hälfte der Klasse, obwohl er, seinem schnellfassenden und gut verarbeitenden Geiste vertrauend, sich durchaus nicht übermäßig anstrengte. An geistiger Selbständigkeit und Kenntniß mancher Lebensverhältnisse war er den meisten seiner Genossen überlegen. Er legte sich nach eigener Auswahl eine kleine Bibliothek an, deren Bestand sich je nach seiner Neigung durch Kauf und Verkauf fortwährend veränderte; es fanden sich darin unter Anderm auch Friedrich des Großen sämmtliche Werke, die er in jener Zeit schon mit Vorliebe studierte. Durch einzelne Geistesblitze machte er sich im Unterricht den Lehrern als ein hervorragender Kopf bemerkbar, und durch manchen guten „Aemtlerwitz" erheiterte er im Gespräch seine Kameraden. Bei diesen machte ihn außerdem sein wohlmeinendes, gegen Alle freundliches und dienstfertiges Wesen, auch sein strenger Gerechtigkeitssinn beliebt. Von Stolz und Ueberhebung frei, gemüthlich im edlern

Sinne des Worts, dabei treuherzig und offen, schloß er manchen Freundschaftsbund mit verwandten Genossen, der den Wechselfällen des Lebens unwandelbar Stand hielt. In voller Gesundheit entwickelten sich diese edlen Anlagen des Geistes und des Gemüths, und es ist nicht zu verwundern, wenn sich bei dem heranwachsenden Jüngling einerseits eine gewisse geistige Selbständigkeit ausbildete, anderseits auch jener Humor der Lebenslust, der gerne bisweilen den Becher der Freude bis zur Neige leert und der Prosa des Lebens vergißt, um nachher um so kräftiger sich wieder auf die Arbeit zu werfen. Wenn er über Sonntag oder in den Ferien zum Besuch ins elterliche Haus kam, blieb auch diese Seite seines Wesens nicht verborgen; gerne durchstreifte er wieder die früheren Lieblingsstätten und war leicht zu bewegen, da und dort wieder einen lustigen Schwank mitzumachen und mit seinen früheren Kameraden fröhliche Stunden zu verleben. Daneben theilte er als guter Sohn die frohen und die schweren Erlebnisse der Familie. Als im Jahr 1836 seine jüngste Schwester, ein liebliches Kind, krank darniederlag, kam er oft nur um ihretwillen von Zürich herüber, sie aufzuheitern und ihr die brüderliche Theilnahme zu beweisen.

Er machte das Gymnasium in Zürich nicht bis zum Ende durch. In Folge eines Verstoßes gegen die Disciplin, der durch eine taktlose Behandlung von Seite des Lehrers W. veranlaßt wurde, verließ Dubs die damalige II. Klasse des obern Gymnasiums kurz vor Schluß des Jahreskurses. Die für Studenten der Jurisprudenz an der Hochschule Bern geltenden Bestimmungen machten es ihm möglich, dort ohne Maturitätsprüfung als Student der Rechte einzutreten. Mit Ostern 1840 begann er in Bern seine Berufsstudien. Die Wahl des Berufs scheint ihn kein großes Kopfzerbrechen gekostet zu haben; er folgte dabei dem glücklichen Winke seiner Natur. In Bern nahm er seine Wohnung gleichzeitig mit seinem spätern politischen Gegner J. Stämpfli in der Lorraine bei Dr. Wilhelm Snell, dem beliebten Dozenten der Rechte, der wie auf viele seiner Schüler, so auch auf ihn einen bestimmenden Einfluß übte. Er gewann ihn bald für seine idealen Anschauungen von Völkerglück und Völkerbefreiung, denen er mit großem Geschick eine einleuchtende und bestimmte Fassung zu geben wußte. Von Snell angeregt, gab sich Dubs energisch philosophischen Studien hin. An der Berner Hochschule, besonders an ihrer staatswissenschaftlichen Fakultät, herrschte damals reges Streben und Schaffen. Aus den Quellen des Naturrechts die Grundlagen der Gesetzgebung, der Staatseinrichtungen, der Politik abzuleiten und demgemäß mit veraltetem Ballast der Gelehrsamkeit aufzuräumen, erschien den Schülern Snells als eine lohnende und begeisternde Aufgabe. Auch Dubs wurde von diesen Ideen mächtig ergriffen, und ohne Zweifel wirkten sie bestimmend auf seine politischen Anschauungen, wenn sie auch durch weitere Studien und die Schule der Erfahrung später noch vielfach abgeklärt und umgestaltet wurden. Sein Verhältniß zu Snell wurde ein um so innigeres, als er seine Ansichten nicht blos aus seinen Vorträgen, sondern vielfach aus Privatgesprächen kennen lernte. Manchen Abend saß er mit ihm und seinen Freunden zusammen; zum eidgenössischen Freischießen in Solothurn (Sommer 1840) reiste er in seiner Gesellschaft auf einem geschmückten Leiterwagen und folgte aufmerksam den Festreden, sowie den erregten Wortgefechten zwischen Minder, Munzinger u. A. und seinem Lehrer. Er faßte nachher in einem Brief an seine Zürcherfreunde die in Solothurn gewonnenen Eindrücke in das interessante Urtheil zusammen: „Ich muß gestehen, ich habe im Grunde in politischer Beziehung mehr gehofft; ich hoffte, daß einmal über eine **Bundesverfassung** ein ernstes Wort gesprochen und ernste That damit verknüpft werde; ob das, was geschehen ist, so zu taxiren sei, überlasse ich Euch zu beurtheilen. Doch ist es erhebend, wenn man bedenkt, daß unter so vielen 100,000 Menschen nicht einmal die geringste Unordnung stattgefunden hat, daß die Solothurner keinen einzigen Mann von der Polizei auf dem Schützenplatze aufgestellt hatten; in welchem Staate wäre das sonst möglich gewesen?"

Auch das Leben in Snells Familie, in welcher vier frische Töchter heranblühten, blieb nicht ohne Einfluß auf das Gemüth des jungen Studenten.

Mit seinen Zürcherfreunden, unter welchen er in der letzten Zeit als Präses eines Gymnasialvereins eine hervorragende Stellung eingenommen, blieb er auch von Bern aus in geistigem Verkehr. Der Geist ächter Freundschaft, der ihn beseelte, weht durch die an jenen Freundeskreis gerichteten Briefe. Er gibt mit vollster Offenheit Rechenschaft von seinem Thun und Treiben, erzählt in burschikoser Art vom Studentenleben und läßt auch hie und da in fast väterlichem Tone einen wohlgemeinten Rath einfließen. Im Gewand des Humors wirft er manches Wort hin, das von früher Reife des Urtheils und angehender Selbst- und Menschenkenntniß zeugt. So empfiehlt er den Freunden die Pflege des zweiten, gemüthlichen Akts ihrer Zusammenkünfte: „Ein Vortheil, sagt er, ist besonders groß; Ihr lernt Euch freier bewegen, und dies sind gerade die Jahre, wo man dies lernen muß, um später in der Welt, in der Gesellschaft nicht öfters eine etwas alberne Rolle zu spielen oder in Extreme zu verfallen. Ich kann Euch dies immer mehr aus der Erfahrung sagen; denn ich bin in der Beziehung alle Tage mit mir unzufrieden, weil ich einen dummen Streich gemacht habe; ich wurde schon oft wegen einer gewissen Scheu und Ungelenkigkeit in der Konversation ausgelacht, und Ihr könnt gar nicht glauben, wie Euch das später ärgern wird. Darum pfleget und bauet den zweiten Akt!" — Als er in den Sommerferien von 1840 eine Fußreise durch den Kanton Uri und Wallis ins Chamounix-Thal und zurück nach Bern unternommen, erstattete er den Freunden darüber einen mit frischem Humor gewürzten Bericht, in welchem Schilderungen der Erlebnisse, der Menschen, der Naturscenen mit eingestreuten Betrachtungen wechseln. So beginnt er pathetisch: „Merket denn auf meine Rede; denn die Geschichte der vergangenen Zeiten ist ein Spiegel und Geheimniß der zukünftigen". Offen gesteht er, wie er an den klassischen Stätten der Urkantone vorüberkommt, daß er gerade da wenig patriotische Gefühlserregungen empfunden, er habe zwar auch seine Stunden patriotischer Empfindung, allein gerade am wenigsten an solchen Orten, sondern viel eher im düstern Kämmerlein, „und ich glaube, wenn ich meine Gefühle schon nicht zur Schau tragen will, um dessentwillen doch nicht schlechterer Patriot zu sein, als jeder von diesen Gefühlshelden, unter welchen ich übrigens natürlich auch Ausnahmen gelten lasse".

Daß es ihm an offenem Auge für die Schönheit der Natur nicht fehlte, zeigen manche mit wenig bezeichnenden Strichen gegebene Naturschilderungen, die er übrigens gerne mit den Worten wieder abbricht: „Doch, was soll ich Euch etwas ausmalen, was sich nicht beschreiben läßt!" — Am mächtigsten ergreift ihn der Anblick des Montblanc, dem er nach einer anstrengenden Wanderung in der herrlichsten Mondnacht sich näherte. „Ich konnte mein Auge nicht von ihm abwenden, der, vom Mondlicht umflossen, in seiner unendlichen Erhabenheit vor uns lag, er war gänzlich mit dem Himmel verschmolzen. Ich schauderte zusammen, denn ich glaubte die Ewigkeit verkörpert zu sehen".

Doch genug von diesen Proben seiner damaligen Art zu denken und zu fühlen; was der Jüngling flüchtig in solche Worte faßte, hat später der Mann nicht verläugnet. Je weniger solche Zeugnisse seines damaligen innern Lebens erhalten oder zugänglich sind, desto eher verdienen sie, in dieses Lebensbild mitverwoben zu werden. Dubs verband übrigens auf jener Reise auch das Nützliche mit dem Angenehmen, indem er sich in Morges drei Wochen aufhielt mit dem speziellen Vorsatz, tüchtig Französisch zu treiben. Von dort wurde noch Genf ein Besuch abgestattet und endlich „ohne einen Kreuzer Geld" die Musenstadt wieder erreicht.

Im Winter 1840/41 setzte Dubs in bisheriger Weise seine Studien fort, ausschließlich der Jurisprudenz ergeben — „wenn man sich einmal ins juristische Fach hineingelassen hat, so reißt es einen mit Gewalt fort". — In dieselbe Zeit fällt ein Duell, das ihm eine deutliche Narbe zurückließ und ihm Veranlassung gab, einem Freunde gegenüber seine Ansichten über diese Studentensitte zu entwickeln. Im Prinzip, gesteht er, billige er das Duell nicht, in der Praxis aber könne er es, bis ein anderes genügendes Surrogat vorhanden sei, nicht verdammen. Vor den Zivilrichter könne der Student nicht gehen, mit dem Ehrengericht sei es so eine Sache, die nicht recht ziehe, und so sei kein anderer Ausweg als mit dem Schläger in der Hand die verletzte Ehre herzustellen. Unter Studenten sei das Duell sehr wohlthätig; „denn es ist äußerst nothwendig, daß der, welcher in seinem spätern Leben dem Volke doch gewissermaßen als Vorbild gilt, in diesem Punkte sehr zartfühlend sei. Der beim Studenten gewöhnlich überspannte Begriff von Ehrverletzung gleiche sich aus bei reiferem Alter; zudem sei es durchaus nothwendig, daß der Student sich in den Waffen übe, heilsam für die Gesundheit und nützlich bei gefahrvollen Zeiten, und das Duell gebe Muth, wie er an sich selbst erfahren. „Jetzt wäre es mir", sagte er, „jeden Augenblick ganz gleichgültig, loszugehen auf Waffen jeder Art, und so wäre es mir auch, wenn ich für das Vaterland in die Schlacht zöge." Nicht Jeder wird mit diesen Ansichten einverstanden sein; Dubs weiß als guter Advokat dem Duell eine möglichst ideale Seite abzugewinnen, die gute Mutter aber nahm, als er am Schluß des Semesters sich wieder zu Hause zeigte, die Sache mehr von der nüchternen Seite und konnte den Schmerz darüber nicht unterdrücken, daß ihres Lieblings bildschönes Antlitz nun auf die ganze Lebenszeit so gekennzeichnet worden sei.

Als Balsam auf die Wunde konnte er ihr dafür folgendes Zeugniß seines hochverehrten Lehrers über seinen Studienfleiß in den ersten drei Semestern vorlegen:

„Dem Herrn J. Dubs von Affoltern im Kanton Zürich, Stud. jur., bescheinige ich hiemit, daß er bei mir im Sommer 1840 Naturrecht, im Winter 1840/41 Kriminalrecht und Konkursrecht und im Sommer 1841 Kriminalprozeß mit großem Fleiße gehört habe. Auch hat er sich durch seinen Eifer für seine allgemein wissenschaftliche Ausbildung, durch seinen offenen und rechtlichen Sinn, durch sein anständiges und sittlich reines Betragen bei seinen Lehrern und Kommilitonen sehr vortheilhaft empfohlen, — ein Zeugniß, das ich um so eher geben kann und um so lieber ausstelle, als Herr Dubs während seines Hierseins mein Haus- und Tischgenosse war.

Bern, den 24. Sept. 1841.

Dr. Wilhelm Snell,
Professor des Rechts.

Natürlich beschäftigten ihn damals lebhaft auch die politischen Fragen, welche die Parteien im Vaterland in fieberhafte Aufregung versetzten, die Aufhebung der aargauischen Klöster, die er als Jurist nicht billigt, aber von politischen Gesichtspunkten aus vertheidigt, die Bewegung in den Urkantonen, die auf den Sonderbundskrieg vorbereitete, und der Kampf gegen die ultramontane Partei. In Bezug auf seinen Heimatkanton schreibt er einem Freunde in etwas überschwänglicher Jugendbegeisterung: „Ich bin täglich mehr stolz, diesem Kanton anzugehören, von dem jetzt jeder Vaterlandsfreund das Heil für die Schweiz erwartet. Ich sehe alle Tage mehr ein, daß der 6. September ein Glückstag für den Kanton war, daß er die Feuerprobe war, aus der das zürcherische Volk von den Schlacken des Aristokratismus gereinigt zu einer schönern Zukunft und zu einer wahrhaft freien Demokratie hervorgehen wird. Die Altaristokraten, sowie die Neuaristokraten, werden in den Staub sinken, das Volk wird wahrhaft souverän durch Ausübung des Veto's ꝛc. Die Presse wird frei, die Kirche wird in ihre Schranken zurückgewiesen, die Schule wird täglich besser, kurz Zürich wird das Vorbild jedes republikanischen Staates." — Ein schöner Traum, von dem lange nicht Alles sich erfüllte, der aber davon zeugt, daß dem künftigen Staatsmann schon ein ganz bestimmtes Ideal vorschwebte.

Im Herbst 1841 bezog Dubs die Hochschule Heidelberg. Sie war damals eine vielbesuchte Stätte juristischer Studien, zugleich derjenige Musensitz, wo die heitere Seite des Studentenlebens am ungezügeltsten sich entfaltete. Studiengenossen erzählen, daß Dubs es verstanden, aus dem einen wie aus dem andern Quell zu trinken. Mit Eifer lag er der Wissenschaft ob; mit besonderer Lust warf er sich auf die kriminalpraktischen Uebungen bei Mittermaier und lieferte ihm treffliche Arbeiten, hörte römisches Recht bei Vangerow, besprach in Diskussionen mit seinen Freunden die von Bern her gebrachten philosophischen Ideen, mit welchen er vielfach auf Widerspruch stieß, und legte so den Grund zu der ausgezeichneten wissenschaftlichen Bildung, die ihn später befähigte, als Richter, als politischer Redner, als Verfasser von Gesetzesentwürfen dem Vaterland tüchtige Dienste zu leisten.

Aber auch als lebensfroher Musensohn, als Mitglied des Corps Helvetia spielte er eine nicht unbedeutende Rolle. Ein Jüngling in der Fülle unverdorbener Jugendkraft, hohen, schlanken

Wuchses, durch lebhaften Geist, Kraft des Wortes, frohen Humor und tiefes Gemüth gewinnend und imponirend zugleich, ein guter Schläger, durch seine Energie geeignet zu einem Führer des Volkes, machte er die Feste und Freuden des Burschenlebens eine Zeit lang mit Begeisterung mit und zog manchmal bei Fackelzügen und festlichen Ausritten als stattlicher „Chargirter" seinen Genossen voran. Seine Theorie, der junge Mann müsse am geselligen Leben theilnehmen, um später in Amt und Beruf sich desto freier und sicherer zu bewegen, hatte er in vollem Maaße Gelegenheit hier durchzuführen, und manchen goldnen Freudentag des Burschenlebens hat er wohl auch bis auf die Neige mitgenossen. Aber sein höheres Ziel verlor er darüber nicht aus den Augen, und einen Theil seiner Gewandtheit im Umgang mit Hohen und Niedern, im Auftreten vor einer versammelten Menge, dieser unentbehrlichen Eigenschaft des republikanischen Staatsmanns, — hatte er gewiß auch jener akademischen Schule zu verdanken. Leider fehlen uns Briefe, die uns einen tiefern Blick in das ohne Zweifel reich bewegte geistige Leben des jungen Juristen während seiner Heidelbergerzeit vergönnten. Wir erwähnen doch, daß gleichzeitig mit ihm in Heidelberg Fornerod, der spätere Bundesrath, Dr. Wirz von Basel, Obergerichtsschreiber L. Tobler von Zürich, Dr. Lerch von Neuchatel, Grimm, Chossonney, Ruepp, Veiz u. A. studirten; mit einzelnen derselben führte er in Briefen den geistigen Verkehr weiter.

Im Jahr 1843 setzte Dubs in Zürich seine Studien fort und brachte sie zum Abschluß. Noch hatte er das früher nicht bestandene Maturitäts-Examen nachzuholen. Als er die abschließenden Kollegien gehört, bereitete er sich in der Heimat aufs Staatsexamen vor. Eifrig studirte er in einem im Gerichtshause von Affoltern, das sein Vater hatte erbauen lassen, ihm eingeräumten Zimmer, und, um so bald als möglich mit der juristischen Praxis bekannt zu werden, wohnte er als Auditor-Gehülfe regelmäßig den Verhandlungen des Bezirksgerichtes bei. Da an den Sitzungstagen regelmäßig Richter und Advokaten in der Krone gemeinsam speisten, so hatte Dubs Gelegenheit genug, Fragen der Praxis mit ihnen zu erörtern und sich auf eine eigene Richter- oder Advokatenpraxis vorzubereiten.

Dabei wurde er von der Mutter und den drei jüngern Schwestern, die damals 16, 18 und 20 Jahre zählten, auf den Händen getragen und bewährte sich seinerseits als trefflicher Sohn und Bruder. Während er mit seinem reichen Geist und Gemüth durch anregendes Gespräch den Familienkreis geistig belebte, hielt er es nicht unter seiner Würde, wenn die Räume des Hauses mit Gästen sich füllten, auch in der Wirthschaft nachzuhelfen; der inniggeliebten, von mancherlei Sorgen in Anspruch genommenen Mutter stand er mit Rath und That, so gut er es konnte, zur Seite.

Von 1844 an erfüllte der junge Bürger auch seine militärische Pflicht, er machte als Kavallerist die Rekrutenschule in der Kaserne Zürich, als Gemeiner ein eidgenössisches Uebungslager in Thun mit. Ins dritte Jahr (1847) seines Milizdienstes fiel der Sonderbundskrieg; da war auch sein Korps aufgeboten. Doch beschränkten sich die Leistungen desselben auf Hin- und Herzüge näher und ferner von der Grenze, und als es an eine Entscheidung kam, war, wie Dubs scherzend zu erzählen pflegte, sein Dragonerkorps zu weit vom Schauplatz der Ereignisse entfernt, um nur den Donner von Gislikon vernehmen zu können. Damit war seine kriegerische Laufbahn geschlossen; indessen hatte seine politische, wie wir hören werden, schon 1846 begonnen. Von seiner Theilnahme am Freischaarenzug von 1845 läßt sich nur soviel sagen, daß er, in der Absicht mitzumachen, am 31. März 1845 wohlbewaffnet mit etwa 60 Zürchern, worunter auch Grunholzer, Gottfried Keller u. A., bei Maschwanden zusammentraf, aber, mit der gesammten kleinen Schaar von Statthalter Hegetschweiler am Ueberschreiten der Grenze gehindert, unverrichteter Dinge wieder den Rückzug antreten mußte.

Auch die publizistische Laufbahn betrat Dubs schon in seinem 22. Jahre, indem er während des Basler Schützenfestes 1844 als Berichterstatter über die Reden, Toaste ꝛc. am Festbülletin mitarbeitete und sich mit Geschick und Takt dieser Aufgabe entledigte.

Drittes Kapitel.
Eintritt in's praktische Leben.
(1846—1855).

Dem Muthigen gehört die Welt.

Ein Mann von den Eigenschaften, die Dubs besaß, ausgerüstet mit tüchtigen Kenntnissen und mit einem praktischen Verstand, der auch verwickelte Verhältnisse leicht durchschaute, mußte ein lebhaftes Verlangen spüren, möglichst bald in öffentlicher Stellung Proben seiner Tüchtigkeit abzulegen. Die Gelegenheit dazu ließ nicht lange auf sich warten. Im Jahre 1846 wurde der junge Jurist zum außerordentlichen kantonalen Verhörrichter gewählt und ihm so zunächst die kriminalistische Laufbahn eröffnet. Bald verwandelte sich seine Stellung in eine definitive, und er hatte nun das Feld gefunden, auf welchem er seinen Scharfblick, sein Geschick in der Behandlung verwickelter Rechtsfälle und seine Gewissenhaftigkeit in der Verwaltung eines anvertrauten Amtes im besten Lichte zeigen konnte.

Es war damals sowohl im Kanton Zürich als in der Eidgenossenschaft eine Zeit, in welcher tüchtige Köpfe hoffen durften, in kurzer Zeit zu Einfluß und Bedeutung zu gelangen. Das Fahrzeug der Zürcher Republik war eben aus dem engen Bette, in welchem es seit 1839 sich fortbewegt hatte, wieder in ein freieres Fahrwasser gelangt; die Volksversammlung von Unterstraß hatte, wie schon 1840 die von Bassersdorf, unter Zustimmung von Tausenden sich für die freisinnige Sache erklärt; die Wahl Dr. Zehnders zum Bürgermeister (1845) und nachher diejenige von Dr. Jonas Furrer, des spätern ersten Bundespräsidenten, gab dieser Wendung der Dinge den deutlichsten Ausdruck. Die Eidgenossenschaft stand in Folge der innern Wirren seit 1841, jener Kämpfe zwischen der ultramontanen und liberalen Partei, am Vorabend einer folgenreichen Entscheidung, die nicht mehr lange ausbleiben konnte. Wer in sich eine Kraft fühlte, ins politische Leben einzugreifen, dem mußte eine reiche Zukunft sich öffnen. In der That währte es nicht lange, so sah sich Dubs durch das Vertrauen seiner Mitbürger von Stufe zu Stufe gehoben und mitten in eine äußerst erfolgreiche Thätigkeit hineingestellt.

Sehen wir zunächst ab von seiner 1847 schon erfolgten Wahl zum Kantonsrath und verfolgen wir zuerst seine eigentlich juristische Thätigkeit weiter, so finden wir ihn vom August 1849 an als zürcherischen Staatsanwalt eine der wichtigsten Stellen verwalten, in der er seine Menschenkenntniß, seinen Rechtssinn und die Schärfe seines juristischen Urtheils glänzend an den Tag legen konnte*). Kaum war je einmal diese Stelle in tüchtigern Händen gelegen. Ihm war es gegeben, mit Klarheit und Ruhe auf die S a c h e loszugehen, mit einer Beredsamkeit, die äußern Pomp verschmähte, desto erfolgreicher aber das Gewicht der Gründe in die Waagschale warf, Licht in die Verhandlungen zu bringen, Recht und Unrecht, die Ansprüche des Gesetzes und die dem Angeklagten schuldige Rücksicht klar auseinanderzuhalten und schließlich, soviel an ihm lag, dem verletzten Recht Achtung und Genugthuung zu verschaffen. Niemand konnte ihm vorwerfen, daß er je mit Wissen gegen einen Angeklagten die Pflicht der Humanität verletzt, ebenso wenig, daß er aus feiger Scheu vor Mächtigern und Einflußreichern das Recht gebeugt oder seine Ueberzeugung zurückgehalten habe. Er verfuhr als Staatsanwalt unbeirrt nach dem Grundsatz: Thue Recht und scheue Niemand! In einem Falle, der damals Aufsehen erregte, als ein Privatmann von dem Gericht erlassenen Verboten entschiedenen Widerstand entgegengesetzt hatte, gab sich Dubs, den man durch alle Mittel zur Nachgiebigkeit zu stimmen suchte, nicht zufrieden, bis der Beklagte, trotz ärztlichem Zeugniß die über ihn verhängte Gefangenschaft dem Spruch des Gerichtes gemäß

---

*) Für die Darstellung von Dubs Wirken in seinen öffentlichen Stellungen wurden manche Notizen den in der „Limmat" 1879, Nr. 9—28 erschienenen Artikeln: „† Dr. Jakob Dubs" entnommen.

abgebüßt hatte. Manche wußten es ihm wenig Dank, aber der Gerechtigkeit war Genüge geleistet. Einem Jugendfreunde gegenüber, der als Redaktor einer Zeitung wegen Ehrverletzung zu einer Geldbuße verurtheilt worden war, beantragte derselbe Staatsanwalt, da ihm das Urtheil zu gelinde erschien, eine Gefängnißstrafe, die freilich vom Gericht nicht bestätigt wurde. Die Jugendfreundschaft, welche Kläger und Beklagten verband, hat durch diesen Zwischenfall keinen Schaden gelitten. Auch von der Eidgenossenschaft wurde der Tüchtigkeit des jungen Juristen jetzt schon Anerkennung gezollt; das Bundesgericht wählte ihn 1849 zum eidgenössischen Verhörrichter für die deutsche und italienische Schweiz, eine Stellung, in der er bis 1854 verblieb, worauf er zum Mitglied des Bundesgerichtes vorrückte.

Gewohnt, die Wissenschaft für die Praxis und die Erfahrung zum allgemeinen Besten zu verwerthen, beschäftigte er sich in diesen Jahren vielfach mit dem Entwurf eines S t r a f g e s e tz b u ch e s, welches die den Fortschritt des Rechtsbewußtseins entsprechenden Aenderungen in der Strafrechtspflege durchführen sollte. Als er denselben 1855 veröffentlichte, fand er damit nicht den gewünschten Anklang; die Arbeit mochte noch der nöthigen Reife entbehren; aber das Ganze zeugt von dem Talent zu gesetzgeberischen Arbeiten, das sein Urheber besaß, und von den Ideen, welche bei seiner richterlichen Thätigkeit ihn vorwiegend leiteten. Er selbst hob später folgende Hauptideen heraus, die ihm bei der Ausarbeitung jenes Entwurfs vorschwebten:

1. Die Nothwendigkeit der Vereinfachung des Strafgesetzbuches.
2. Die volle Konsequenz in der Durchführung des Prinzips, daß die Strafe auch den Zweck der Besserung in sich schließen müsse.
3. Die Beurtheilung der üblichen Strafmittel, insbesondere die Abschaffung der Todesstrafe und eingreifende Umgestaltung der Geld-, Freiheits- und Ehrenstrafen.
4. Die neue Auffassung der Besserungstheorie und die daraus abgeleiteten Verbesserungsvorschläge der Einrichtung unserer Strafanstalten.

5. Die Theorie der Nothwendigkeit der Straftheilung beim Vorhandensein mehrerer Komplicen (Schuldigen).
6. Der Kampf gegen die Theorie der Strafzumessung nach subjektiven Gründen.

Aeußerst interessant ist die erläuternde Einleitung, welche Dubs seiner Arbeit vorausschickt.*) Er fordert im Vorwort zur rückhaltlosesten Einsendung von Kritiken auf und ruft allen Mitkämpfern für eine vernünftige und menschliche Gestaltung des Strafrechts ein Glückauf! zu. Er wirft einen Blick zurück auf die Geschichte des Strafrechts und entscheidet sich im Gegensatz zur Ansicht früherer Zeiten, für die neuere, der Humanität entsprechende Anschauung, nach welcher die **Besserung** des Verbrechers den obersten Strafzweck bildet. Seine ganze, äußerst anziehend durchgeführte Entwicklung geht darauf aus, zu zeigen, wie man durch vernünftige Behandlung des Verbrechers in ihm den Muth, das Selbstgefühl, den Glauben an Besserung heben, und wie man dazu als bestes Mittel die gut organisirte Arbeit und ihren sittlichenden Einfluß verwenden soll. Die Frucht der Arbeit des Sträflings soll dann zunächst auch dazu dienen, den durch ihn angerichteten Schaden gut zu machen, und in je höherem Maße ihm dies durch eigene Anstrengung gelingt, eine desto ausgedehntere Abkürzung der Strafzeit soll er sich dadurch erwirken. Er sucht dies u. A. so zu motiviren: „Sobald dem Sträfling als Preis seiner Arbeit die Freiheit winkt, so entsteht in ihm selbst ein innerer Trieb zur Arbeit. Die ganze physische und intelligente Persönlichkeit bethätigt sich nun bei derselben; die Abschweifungen unterbleiben, die Schädigungen fallen weg, an deren Stelle tritt Sorgfalt, Genauigkeit, Pünktlichkeit, Fleiß und Erfindungsgeist." — Oder: „Im großen Ganzen hat nur dasjenige System einen reellen Werth, welches das bessere Leben **nicht von außen her** in den Menschen hineinbringen will, sondern bei Festhaltung der Gesammtordnung die Einzelnen in möglichster **Freiheit und Selbständigkeit** gewähren läßt und nur da physisch und moralisch kräftiger nach-

---

*) Entwurf eines Strafgesetzbuches für den Kanton Zürich, mit einer erläuternden Einleitung von J. Dubs, Reg.-Präs., Zürich 1855.

hilft, wo es ohne dies nicht ordentlich gehen will. Dies System scheint uns mit unsern gesammten freien Institutionen im Einklang zu stehen und überhaupt das einzige zu sein, was eines Freistaates würdig ist." Von diesen Grundsätzen ausgehend, bringt er noch in Betreff vieler einzelner Punkte originelle Vorschläge, verhehlt sich aber dabei nicht, daß er, besonders in der juristischen Welt, auf vielfachen Widerspruch stoßen werde. Da jedoch etwas Besseres an die Stelle des Bisherigen gesetzt werden müsse, so glaubt er schon damit einen Dienst zu thun, wenn sein Entwurf in größeren Kreisen das Nachdenken über diese Schattenpartien unseres gesellschaftlichen Lebens anregen werde; „denn die Wahrheit, einmal erkannt und ausgesprochen, bricht sich von selbst Bahn."*)

In Anerkennung des Verdienstes, das sich Dubs durch diesen Entwurf eines Strafgesetzbuchs erworben, beschloß die juristische Fakultät bei Anlaß der Jubelfeier der Hochschule (26. April 1858), ihm den Doktortitel honoris causa zu verleihen.

Dubs war es auch, der energisch dazu beitrug, das Geschwornengericht im Kanton Zürich einzuführen und so im Strafprozeßverfahren dem Grundsatz der Oeffentlichkeit und Mündlichkeit Eingang zu verschaffen, ein Verdienst, das er mit Andern, z. B. ganz besonders mit Prof. Rüttimann, theilte, von dem aber kein geringer Theil auf seine Rechnung zu setzen ist.

Durchschlagend war das Votum, welches er im Schooße des Großen Rathes, als im Sommer 1851 die Frage der Geschwornengerichte entschieden werden sollte, gegen den damaligen Obergerichtspräsidenten Dr. Finsler abgab, welcher Nichteintreten beantragt hatte. Mit der Wärme, welche die heilige Ueberzeugung von der Nothwendigkeit einer einzuführenden Reform verleiht, zerstreut er siegreich die erhobenen Bedenken und weist schlagend die Vorzüge nach, welche das münbliche und öffentliche Verfahren vor dem schriftlichen und geheimen auszeichnen, greift dann in die Geschichte zurück, welche lehre, daß wir früher auch ein Volksgericht mit öffentlicher Verhandlung gehabt, und betont als politischen Grund für

---

*) Entwurf pag. 62.

Einführung der Jury besonders, daß es sich darum handle, ein völlig parteiloses Gericht zu erhalten und in ächt demokratischer Weise die Rechtsprechung in die Hand des Volks zu legen. „Entweder Sie wollen die Demokratie oder nicht, fährt er dann fort. Wollen Sie dieselbe, so geben Sie ihr auch ihre eigenthümlichen Organe." Mit einem Blick auf die Bundesverfassung, welche ebenfalls die Jury sanktionirt, fragt er: „Wollen Sie bei Ihrer Reform der Bundesverfassung folgen oder nicht? Ich glaube, die Pflicht erfordere es vom Kanton Zürich, daß er seine Institutionen den eidgenössischen möglichst ähnlich mache, damit die Bundesverfassung in den Institutionen der Kantone ihre Wurzeln finde." Endlich weist er noch auf die Stellung Zürichs als Universitätsstadt hin, welche im Interesse der Wissenschaft den jungen Leuten Gelegenheit geben müsse, das neue Verfahren praktisch kennen zu lernen. Mit dem Satze: „Meiner Ansicht nach kann Zürich sich weder von der Eidgenossenschaft, noch von der Wissenschaft abschließen!" — ging er zur warmen Empfehlung des Gesetzesvorschlags über. Fast einmüthig stimmte die Versammlung bei, und am 23. November wurde das Gesetz auch vom Volke angenommen. Als Staatsanwalt hatte nun Dubs Gelegenheit genug, bei der Einführung des neuen Verfahrens mitzuwirken und dasselbe von Anfang an populär zu machen.

Auch die politische Wirksamkeit von Dubs reicht mit ihren vielversprechenden Anfängen in die bewegte Zeit vor 1848 zurück. Der Wahlkreis seines Heimatbezirks sandte ihn, auf dessen vorzügliche Eigenschaften besonders der liberale Dr. Bühler in Wettsweil hingewiesen, im Jahr 1847 als seinen Vertreter in den Rathsaal. In jener bedeutungsvollen Sitzung, in welcher der zürcherische Kantonsrath sich für den Fall, daß gütliche Mittel nicht zum Ziele führen sollten, für **Auflösung des Sonderbunds mit bewaffneter Hand und für Entfernung der Jesuiten** erklärte (21. Sept. 1847), wurde der kaum 25-jährige Vertreter des Knonauer Amtes beeidigt. Seine Jugend hinderte ihn nicht, sich bald auch an den Verhandlungen zu betheiligen. Was er sprach, zeugte von Takt, gereiftem Urtheil, Wärme der selbständigen Ueberzeugung, und man säumte nicht, die junge Kraft in Kommissionen hineinzuziehen, in welchen seine Sachkenntniß, sein Maßhalten in der Diskussion, seine Gerechtigkeit auch gegen politische Gegner und seine gewinnende Art des Umgangs ihm allgemeines Vertrauen einbrachte. Die so seltene Gabe, für neue Gesetzesbestimmungen die zutreffende, einfache, Zweideutigkeiten ausschließende Form zu finden, bekundete er schon in hohem Grade. Es war jene schöpferische Ader, welche ihm die Natur verliehen, vermittelst welcher später auch größere gesetzgeberische Arbeiten ihm trefflich gelangen.

Schon 1852 betheiligte er sich neben Alfred Escher als Vizepräsident an der Leitung der Verhandlungen des Großen Rathes; zum Präsidenten gewählt, eröffnete er am 1. März 1853 die 2. Abtheilung der Wintersitzung mit einer Rede, in welcher er bei Anlaß des neuen Armengesetzes seine Ansichten über den Pauperismus (zunehmende Verarmung), seine Ursachen und die Mittel zu seiner Bekämpfung eingehend entwickelte, nicht ohne die Hauptpunkte der Frage durch historische Rückblicke zu beleuchten. Auch hier begegnen wir ähnlichen Gedanken, wie in seinem Entwurf der Strafgesetzgebung: „Man hebt die Uebelstände nicht durch Reguliren von oben, durch Züchtigung, durch Zwangsarbeitshäuser, durch Verbote, Polizeimaßregeln, Centralisation, durch alle die Mittel der gesetzlichen Armenpflege. Alle Uebelstände, den Bettel nicht ausgenommen, vermehren sich nur auf diesem Wege. Darum zurück vom Wege des Zwangs zum Wege der Freiheit, der in manchen Ländern schon mit Erfolg betreten worden ist. Man organisire die freiwillige Armenpflege. Die Elemente werden sich finden. Man rufe zu diesem schönen Werke unsere Frauenwelt herzu, da diese nicht nur eine zum Werk vorzugsweise geschickte Hand, sondern auch einen stets lebendigen und nimmer rastenden Willen mitbrächte. Die Kirche, die Familien würden bereitwillig mitwirken. Auch hier kann nur die offenste Besprechung der Wahrheit zum Siege verhelfen." Nach seiner Ueberzeugung entspricht die freiwillige Armenpflege am besten dem Wesen der Demokratie; zur Leitung derselben hat der Staat mit seiner Polizei viel weniger Geschick als die Kirche mit ihrer innern Waffe, der Liebe. „Diese Ueberzeugung, schließt er, wollte ich, wenn auch die herrschende Meinung des Tages ihr schnurstracks zuwiderläuft, nicht verläugnen, und Sie werden mir, wie auch Ihr Entscheid fallen möge, gestatten, den Glauben an eine Zukunft zu bewahren, in welcher auch auf diesem Gebiete die Demokratie zum Durchbruch gelangen, und dereinst eine freiere Kirche diese hülfsbedürftigen Wesen pflegen und nicht mit dem Auge der Polizei, sondern wie die Madonna Raphaels mit dem Auge der Mutter das geliebte Kind betrachten wird."

Wenn auch seine Ideen nicht gesetzliche Gestalt gewannen, so sind sie doch auch im Kanton Zürich auf freiwilligem Wege mit gutem Erfolg an verschiedenen Orten verwirklicht worden, jene Eröffnungsrede aber ist bezeichnend für seine Anschauung vom Wesen der wahren Demokratie.

Daß er der Mann sei, der auch in größeren parlamentarischen Verhältnissen sich werde zu bewegen wissen, darüber herrschte bei seinen politischen Freunden kein Zweifel, und so kam es, daß der Zürcher Staatsanwalt schon 1849 als Nationalrath nach Bern zog, wo es in den gesetzgebenden Räthen der neugebornen Eidgenossenschaft für tüchtige Kräfte Arbeit genug gab. Auch in diesem Kreise wußte er sich bald zu legitimiren; er gehörte zu der energischen und jugendfrischen Partei, die es als lohnende Aufgabe betrachtete, die neue Bundesverfassung, die schönste Frucht des Sonderbundskrieges, nun rückhaltslos ins Leben einzuführen, und bewies auch hier, daß er klar zu denken und ausdauernd zu arbeiten verstand. In der Sitzungsperiode von 1854 leitete er als Präsident die Verhandlungen des Nationalrathes.

Diese erfolgreiche Betheiligung am parlamentarischen Leben des Kantons und der Eidgenossenschaft war von 1849 an auch begleitet von einer nachhaltigen publizistischen Thätigkeit. Dubs betheiligte sich zuerst an der Redaktion des wiedererstandenen „Republikaner", an welchem auch der Bruder von Ludwig Snell, Dr. Wilhelm Snell, mitwirkte, und später, als das Blatt einging, übernahm er die politische Redaktion des „Landboten", der damals wöchentlich

einmal in Winterthur erschien. Wohl wissend, welchen tief dringenden
Einfluß die Tagespresse auf das Volk ausübt, griff er von jetzt
an mit der ihm eigenen Arbeitsfreudigkeit in das öffentliche
Gespräch über die schwebenden Tagesfragen ein und errang sich auch
auf diesem Gebiete bald die nöthige Schlagfertigkeit, um als ein
Vorkämpfer seiner Partei ein gewichtiges Wort mitzusprechen. Zu
dieser, zur liberalen Partei, welche im Gegensatz zur abgetretenen
Septemberregierung, die freisinnigen Grundsätze in kantonalen und
eidgenössischen Dingen festhielt und fortbildete, bekannte er sich mit
voller Ueberzeugung; als ihre Aufgabe betrachtete er, am Aufbau
einer gesunden und lebenskräftigen Demokratie mitzuwirken. Sein
praktischer Sinn bewahrte ihn davor, jedem unreifen Traum von
Verbesserung der Zustände zuzujauchzen, und so sah er sich bald
gegenüber einer Partei, welche unter der Führung des Kantons=
prokurator Treichler ein neues Programm aufstellte, das dem Volk
nach sozialistischen Grundsätzen manche materielle Erleichterungen und
eine Erweiterung seiner Rechte versprach, zu kräftiger Opposition
gedrängt. Den unreifen und unpraktischen Vorschlägen, die, mit
berechtigten Forderungen untermischt, seit 1851 in Treichlers
„Neuem schweiz. Volksblatt" ins Feld geführt wurden, und von
deren Verwandtschaft mit dem französischen Sozialismus der
gesunden Entwicklung des republikanischen Lebens Gefahr zu drohen
schien, trat nun Dubs im „Landboten" mit scharfer Waffe gegen=
über, und zwar nicht in ängstlicher Furcht vor vernünftigen Fort=
schritten, sondern im Interesse der Verwirklichung seines demokra=
tischen Ideals und in dem festen Vertrauen, daß es gelte, den
gesunden Fortschritt vor Ueberstürzung und gewagten Experimenten
zu bewahren. Nachdem sich der Kampf schon durch mehrere Jahre
hingezogen, nahm Dubs im Jahr 1854 in acht Artikeln des
„Landboten" (Nr. 10—17)[*] die Forderungen der Gegenpartei, die
in verschiedenen Programmen ausgesprochen waren, scharf aufs Korn,

---

[*] Besonders abgedruckt unter dem Titel: Ein Beitrag zur Würdigung
der sog. demokratischen Bewegung des Jahres 1854.

suchte sie von allen Seiten mit dem Lichte der Erfahrung und einer zeitgemäßen Politik zu beleuchten und die Grundsätze seiner Partei als die einer auf gesundem Boden stehenden Demokratie zu rechtfertigen. In diesen Artikeln legt der junge Staatsmann seine damaligen Anschauungen, denen er in der Hauptsache später treu geblieben ist, freimüthig dar und bewährt in glänzender Weise sein Talent, Fragen, die tief ins republikanische Volksleben eingreifen, in volksthümlicher Weise zu besprechen. Da sich seine politische Denkart, sowie seine eigenthümlich frische und überzeugende Sprache in keinem andern Aktenstück so getreu abspiegelt, wie in diesen acht Artikeln, so fassen wir sie noch etwas genauer ins Auge.

Bei der Besprechung öffentlicher Fragen, der er während seiner ganzen politischen Wirksamkeit so oft die Feder lieh, pflegt er immer direkt auf die Sache loszugehen, den ganzen Stoff in leicht übersehbare Abschnitte, die er im Voraus ankündigt, zu zerlegen und dann einen nach dem andern zu behandeln. Bei der Beweisführung stellt er gleichsam die Gründe des Gegners und die eigenen in Schlachtordnung, schickt dann seine leichten Truppen voraus und läßt allmälig das schwerere Geschütz, d. h. die Gedanken, die an Verstand und Gemüth zugleich sprechen, nachfolgen, um so den Haupteffekt auf den Schluß zu versparen. So auch in diesen Artikeln. Zuerst führt er den Beweis, daß die liberale Partei, seit sie zur Herrschaft gelangte, weder in ihrer eidgenössischen noch in ihrer kantonalen Politik den Geist der Volksversammlungen von Uster und Bassersdorf verläugnet habe. Dann zerlegt er die Hauptfrage in Einzelfragen, überall auf die erzielten Fortschritte hinweisend, und schließt mit der Erklärung: „Die Periode von 1845—54 glänzt nicht durch jenes jugendliche Feuer, das die Dreißiger Periode charakterisirte. — Für die abgewichene Periode bedurften wir den Geist verträgsamer Mäßigung. Und dieser Geist scheint wirklich bei uns gewesen zu sein. Der Kanton Zürich verdankt ihm zum Allermindesten ein nicht durch Unrecht beflecktes gutes Gewissen." — Mit scharfer Sonde zergliedert er ferner das Programm der sog. Demokraten, sowohl seinen politischen als seinen materiellen Theil.

Der erste verlangt die Erweiterung der Volksrechte (Verfassungs-
revision, Revision einzelner Gesetze, Veto, Abschaffung der indirekten
Großrathswahlen 2c.); der andere die Errichtung einer Volksbank
und eine andere Vertheilung der öffentlichen Lasten. Auch hier
beleuchtet er Alles im Einzelnen, da und dort zustimmend (z. B.
in Betreff der Volksbank), die meisten Punkte als nicht genug
gerechtfertigt, nicht zeitgemäß, unpraktisch oder geradezu unheilbringend
zurückweisend. Eine abschließende Beleuchtung des Ganzen schließt
er mit den Worten: „Trinke, wer da will, aus diesem Zauberbecher
des demokratischen Programms; wir bringen es nicht über uns.
Das ist jedenfalls nicht die Demokratie, an die wir glauben; das
ist nicht die Freiheit, welche wir verehren, und das ist am aller-
wenigsten die ächte freie Humanität, welcher die Zukunft gehört."
— In einem weitern Artikel fragt er, worüber denn nun **das
Volk selbst klage.** Hier stellt er die verschiedenen Klagen zu-
sammen, z. B. über die vielen neuen Gesetze, die Verwaltung, die
Einmischung der Geistlichen und Lehrer in die Politik, über die
Justiz, die Advokaten, das theure Brod, den mangelnden Verdienst,
die Wirthschaften, den herrschenden Leichtsinn, die Verarmung, die
Zunahme der Zahl der Verbrechen, die Kreditverhältnisse, den
Mangel an religiösem Leben. Mit allem Freimuth und klarem
Blick zeichnet der Volksmann die vorhandenen Uebelstände, überall
die wirklichen Verhältnisse betrachtend, ohne Schmeichelei und Phrase.
„Mancher Leser", sagt er, „der Außergewöhnliches erwartet haben
mag, legt vielleicht das Blatt enttäuscht aus der Hand; er fand
darin weder Schilderungen des Elends nach Eugene Sue, noch
kalifornische Glückseligkeits- und Erleichterungszauberformeln, sondern
ganz ordinäre Gedanken, wie sie jeder Bauer zu Markte trägt.
Das war aber gerade unser Bestreben; wir suchten ein Bild zu
geben, in welchem der einfache Mann seine eigenen Gedanken erkenne
und uns vielleicht sogar anschuldige, wir haben sie ihm aus dem
Herzen gestohlen."

Am meisten bezeichnend für Dubs Anschauungen von den
wahren Bedürfnissen des Volks oder von den Grundlagen einer
gesunden Demokratie ist der letzte Artikel: Nach welcher Rich-

tung hin will das Volk selbst? — „Noch gilt es nicht, sich auf den errungenen Lorbeeren schlafen zu legen, sondern wir wollen mit neuer Kraft und frischem Muth an das bevorstehende Tagewerk." Worin besteht dies? Er nennt den Ausbau der Eisenbahnen, der geordneten Gesetzgebung, der neuen eidgenössischen Unterrichtsanstalt, und die Kantonalbank. Dann aber, sagt er, scheinen uns noch viel tiefere und kräftigere Gedanken das Volk zu bewegen, wenn sie auch noch nicht zum vollen Bewußtsein sich durchgearbeitet haben. Er weist hin auf die Thatsache, daß Gesetzgebung, Verwaltung und Rechtspflege zu sehr in äußere Formen eingeschnürt worden seien und von solchem Formalismus über Gebühr beherrscht werden. Also man sehne sich nach Vereinfachung der Formen gegenüber dem Schreibfieber, das auf allen Gebieten überhandnehme. Ferner deuteten die Klagen des Volkes, die das soziale Leben berühren, auf innere Leiden, und gegen diese helfen auch nur innere Mittel. Als eines nennt er die Arbeitsfreudigkeit, die neu geweckt werden müsse in allen Kreisen, als ein anderes die Erweckung eines neuen religiösen Lebens durch größere Betheiligung des Volkes an diesen ernsthaften Lebensfragen; darin liege doch im tiefsten Grunde allein die wahre Quelle der freien Humanität, welche um so reicher und unversieglicher ihre Gaben an die ärmeren Mitglieder spende, je mehr das religiöse Bewußtsein stets neu gekräftigt und genährt werde. „Was sind eigentlich", fährt er fort, „die zwei Mittel, welche wir hier anempfehlen? Es sind lediglich neue Formen des alten Kernspruchs: Arbeite und bete!" — Von da aus bezeichnet er als die Hauptdifferenz, die ihn von den neuen Demokraten trenne, daß Jene glauben, das Glück komme, wie ihre Freiheit von außen und hänge ab von größerm oder geringerm Besitz, mehr oder minderem Genuß der sogenannten Lebensfreuden, wir aber glauben, die Gesellschaft habe zwar dafür zu sorgen, daß der Einzelne nicht in der Noth des Lebens umkomme, daß dann aber das Andere füglich seiner eigenen Thätigkeit überlassen bleiben möge; Jeder müsse sich im menschlichen Leben selbst frei betten, Jeder sich sein Glück von innen heraus selbst erbauen. „Das läuft freilich", sagt er, „nicht ohne steten innern und äußern Kampf und viel Ungemach ab, und gewöhnlich ist dann, wenn das innere Glück der Zufriedenheit errungen ist, das Leben um. Aber beim Schlusse merkt der Mensch erst, wenn er zurücksieht, daß ihm weniger das Resultat seines Kampfes als die freie Thätigkeit seines eigenen Emporringens selbst die schönsten und reinsten Lebensfreuden gewährte, und er schließt daher mit dem König David seine Lebensweisheit in dem Einen Satz: „Das Herrlichste im Menschenleben ist Mühe und Arbeit."

Wir erkennen leicht aus diesen Schlußworten: Mit seinem politischen Bekenntniß, das er hier unverhüllt ausspricht, war seine Lebensanschauung überhaupt innig verwachsen. Darin liegt auch abgesehen von dem lichtvollen und gewandten Ausdruck, das Geheimniß der tiefgreifenden Wirkung, welche die acht Artikel damals hervorbrachten. Es spricht darin ein Mann, der ein Herz hat für das Volk, der ihm dienen möchte mit seiner vollen Kraft, der seine ganze Persönlichkeit einsetzt in dem Kampfe, den er aufgenommen. Freilich kommt zu der Wärme seiner Gesinnung, die aus den angeführten Stellen spricht, die Klarheit eines durchdringenden Verstandes und eine seltene Vertrautheit mit den Zuständen und Wünschen des Volkes. Darum versteht er es so gut, die schwachen Seiten seines Gegners zu erspähen und die Haltlosigkeit unpraktischer Vorschläge aufzudecken. Wer heute seinen Beweisführungen folgt, wird ohne Zweifel auch in Manchem dem Gegner Gerechtigkeit widerfahren lassen; manche seiner Vorschläge sind seither ohne schlimme Folgen ins Leben getreten; aber man vergesse nicht, daß fast 30 Jahre zwischen jener Zeit und der unsrigen liegen, und daß es den damaligen Staatsmännern am Herzen liegen mußte, die gewonnenen Errungenschaften nicht durch anderweitige und verfrühte Experimente wieder aufs Spiel zu setzen. Daneben treffen wir auf manches goldene Wort, das sich seither als wahr erwiesen und einen Kern der Wahrheit für alle Zeiten in sich enthält, weil es hervorgegangen ist aus einer richtigen Einsicht in die ewigen Gesetze der Menschennatur und des Menschenlebens. Die Sprache, in welcher Dubs zum Volk spricht, könnte manchem heutigen Publizisten zum Muster dienen. Sie ist klar, ruhig, durchsichtig, die Gedanken sind trefflich geordnet, die Behauptungen mit Beispielen belegt, mit passenden Bildern verdeutlicht, und es wird durchweg der Anstand bewahrt, den die Wichtigkeit des Gegenstandes erfordert. Darum greift der Sprecher hinein ins Volksgemüth und spricht aus demselben heraus; er überzeugt den Denkenden und Berechnenden und gewinnt den Mann von schlichtem einfachem Sinn, der Kopf und Herz an der richtigen Stelle hat. Das gilt mehr oder weniger von allen Arbeiten Dubs', mit welchen er in den Tagesblättern auftrat.

Die Wahlen im Mai 1854, auf welche die Artikel des „Landboten" unstreitig keinen geringen Einfluß geübt, befestigten die damalige liberale Partei, und von dem erneuerten Großen Rath wurde der bisherige Staatsanwalt am 31. Mai 1854 in den Regierungsrath gewählt; in Folge davon trat er aus dem Nationalrath in den Ständerath über. Als dann 1855 Alfred Escher, wie er eine Stütze der liberalen Partei, aber in manchen Punkten auch wieder sein Rivale, aus dem Regierungsrath austrat, wurde Dubs in seinem 33. Altersjahre zum Regierungspräsidenten gewählt und hatte sich so nach kaum einem Jahrzehnt öffentlicher Thätigkeit zum Oberhaupt seines Heimatkantons emporgeschwungen. Mit Recht wurde in seinem Geburtsorte und Vaterhause dies Ereigniß festlich begangen. Er war der Erste aus dem „Amte", der es bis zum Bürgermeister des Standes Zürich gebracht; dieser Ehre freuten sich mit ihm seine Jugendgenossen und seine Mitbürger im engern Sinne des Wortes. Wohl am aufrichtigsten war von inniger Freude darüber die treffliche Mutter erfüllt, welche diesen Ehrentag noch erlebte (der Vater war 1853 gestorben). Es muß hoch hergegangen sein an jenem Abend in der Krone zu Affoltern; mit Stolz beglückwünschten sie die Mutter, die dem Sohne eine solche Laufbahn hatte eröffnen helfen, und ließen den Sohn leben, dessen Erfolge dem Vaterhause und dem ganzen Bezirke zur Ehre gereichten. Es war wieder einmal kräftig bestätigt worden, daß den Muthigen Gott hilft, daß festes und treues Ausharren zu einem schönen Ziele führt, und in der That, wer sich erinnerte, in wie kurzer Zeit der Bauernsohn von Stufe zu Stufe bis zur höchsten Würde im Heimatkanton und zu einer ehrenvollen Stellung in der Eidgenossenschaft (Präsident des Nationalrathes) emporgestiegen war, der konnte das Vaterland preisen, das hochbegabten Söhnen diesen Schauplatz zur Entfaltung ihrer edelsten Kräfte zu bieten vermag. — Zum großen Schmerz des Sohnes starb die wackere Mutter im nächsten Jahre, den 23. September 1856. Während ihrer Krankheit hatte er, obschon durch die Pflichten seines Amtes vielfach in Anspruch genommen, an manchem Abend noch den Weg nach Affoltern zurückgelegt, um an ihrem Bette zu wachen und ihr so die letzten Tage ihres Erdenlebens zu erleichtern; sie hatte es reichlich um ihn verdient.

Viertes Kapitel.

Dubs an der Spitze der Regierung des Kantons Zürich.

(1855—1861).

Es wächst der Mensch mit seinen größern Zwecken.
Schiller.

Wir suchten im vorigen Abschnitt ein Bild des ersten, jugendkräftigen Wirkens zu entwerfen, das der junge Staatsmann nach verschiedenen Seiten hin entfaltete. Fragen wir, was als Grundanschauung ihn dabei leitete, so war es das Ideal einer gesunden Demokratie, welche die Selbstbethätigung des Volks auf allen Gebieten begünstigt und jedem Bürger bis auf das Kind der Armuth und bis auf den tiefgesunkenen Verbrecher eine möglichst freie Bewegung sichert. Ferner war es das Streben, die Grundsätze, nach welchen die durch die Bundesverfassung von 1848 wiedergeborne Eidgenossenschaft ihren Haushalt ordnete, auch auf das kantonale Leben anzuwenden. Durch seine richterliche Thätigkeit, sein Auftreten in den Räthen des Kantons und der Eidgenossenschaft, sein verständiges und entschiedenes Wort in der Tagespresse als Mann des Volks bekannt geworden, setzte er nun, an die Spitze der Regierung gestellt, vom allgemeinen Vertrauen getragen eine Reihe von Jahren sein rüstiges Wirken weiter fort. War ihm beim Eintritt in die Regierung zuerst die Polizei- und Justizdirektion zugefallen, so wurde nach Eschers Austritt die Direktion des Erziehungswesens in seine Hand gelegt.

Das erste schwierige Geschäft, welches ihm das Amt des Erziehungsdirektors zu erledigen gab, war die Seminardirektorwahl. Von Escher war Grunholzer, von Sulzer und der Majorität des Erziehungsraths **Fries** vorgeschlagen. Dubs nahm entschieden für Grunholzer Partei, und als ohne sein Vorwissen mit **Rebsamen** in Kreuzlingen Verhandlungen angeknüpft und derselbe dann im Erziehungsrath mit Mehrheit der Regierung zur Wahl vorgeschlagen worden war, widersetzte sich Dubs entschieden auch diesem Vorschlag, und die Wahl wurde verschoben. Da mittlerweile angesichts der Revision des Seminargesetzes, welches das Konvikt beibehielt, Grunholzer entschieden ablehnte, und Rebsamen gegenüber im Thurgau Schritte gethan worden waren, welche ihm das Verbleiben in seiner Stellung zur Pflicht machten, blieb nur noch Fries im Vorschlage, dessen Wahl schließlich erfolgte. Hätten sich Dubs und Sulzer in dieser Sache nicht so schroff gegenübergestanden, so hätte in Grunholzer oder Rebsamen eine Wahl getroffen werden können, die dem damaligen Bedürfniß des Seminars und den Wünschen der Lehrerschaft besser entsprochen hätte.

Glücklicher gestaltete sich die Lösung einer andern Frage, bei welcher Dubs seine schöpferische Thätigkeit glänzend bewähren konnte. Die seit 1851 angeregte, aber wieder ins Stocken gerathene Revision des **Schulgesetzes** nahm der neue Erziehungsdirektor frisch an die Hand. In der Behandlung der Sache schlug er einen möglichst praktischen, den wahren Volksmann kennzeichnenden Weg ein. Sobald der erste Entwurf vollendet war, legte er denselben den Behörden, den sämmtlichen Lehrern und dem weitern Publikum zu möglichst freimüthiger Besprechung vor, in einem beleuchtenden Bericht vom 4. Februar 1857 die leitenden Grundsätze klar auseinandersetzend. Er wünschte, daß eine freie und offene Kritik darüber ergehen möge, und schrieb sich selbst kein anderes Verdienst zu, als das des guten Willens zur Sache; er bringe keine radikale Reform, die bisherige Organisation sei ein fest und fein gegliedertes, im großen Ganzen durchaus gelungenes Werk, das den Männern, welche es gegründet, auf alle Zeiten Ehre bringen werde; der neue Entwurf halte daher schon aus Pietätsrücksichten das Bestehende wo immer möglich fest. Aber **vorwärts** will er in vielen wichtigen Punkten, so in Bezug auf die Schulinspektion, die Freigebung des Konvikts am Seminar je nach individuellem Bedürfniß, die Fortbildung der Lehrer und ihre ökonomische Stellung, die Theilung überfüllter Schulen, die weiblichen Arbeitsschulen, die noch fehlten; u. A. Auf der schon gegebenen Grundlage, der es zu verdanken sei, daß kein Land einen im Verhältniß zum Flächenraum von 75 Quadratstunden und der Volkszahl einer Viertelmillion dem Kanton Zürich nur annähernd gleich vollständigen Schulorganismus besitze, will er fort bauen und nicht die Macht nach oben, vielmehr die Selbständigkeit nach unten, d. h. die Kompetenz der Gemeindeschulpflegen, der Lehrer, der Schulgenossenschaften erhöhen. Interessant ist, wie er, ganz seinen Ansichten von individueller Freiheit entsprechend, sich über den Konvikt am Seminar äußert. „Es wird ziemlich allgemein anerkannt werden, daß der Konvikt immer nur ein unvollständiger Ersatz des Lebens in einer wackern Familie sein kann. Wenn nun im Spezialfall der Schüler das Bessere haben kann, warum ihn alsdann in den Konvikt nöthigen? Ferner paßt unleugbar das Leben in großer Gemeinschaft nicht für alle Naturen. Wie es Baumarten gibt, die am besten dicht in einander, und andere, die nur in freiem, unbegrenztem Raum gesund emporwachsen, so ist es gerade auch unter den Menschen. Dem Einen ist die Gemeinschaft Bedürfniß und Genuß, dem Andern wird sie zur wahren Seelenplage. Warum soll man nun nicht die einzelnen Naturen nehmen, wie sie sind, statt sie nach einem Leisten zu schlagen?" — Wer könnte nicht leicht aus diesen Worten einen der eigensten Grundgedanken von Dubs herauslesen?

Unter der Lehrerschaft und in der Presse weckte der Entwurf bald eine lebhafte Diskussion; aus einlaufenden Gutachten und Gegenvorschlägen wurden die Wünsche der Lehrer und des Volkes klar. Dubs wurde nicht müde, die Eingaben zu prüfen und die öffentlichen Stimmen zu beachten, Abschnitt für Abschnitt mit dem Erziehungsrath durchzuarbeiten und endgültig abzufassen; so lag Ende 1859 das vollendete Gesetz über das gesammte Unterrichtswesen dem Großen Rathe vor, der ihm mit großem Mehr die Genehmigung ertheilte. Das Gesetz, das in übersichtlicher Gruppirung in 337 Paragraphen das ganze niedere und höhere Schulwesen umspannt, bezeichnete, sowohl was die Weiterentwicklung der

Volksschule und der höheren Anstalten, sowie auch, was die bessere Stellung der Lehrer betrifft, einen bedeutenden Fortschritt über die Dreißiger Jahre hinaus. Nach Form und Inhalt eine reife Frucht mühevoller Arbeit und sorgfältigen Studiums, fand es allseitig eine freundliche Aufnahme. Es hatte einer zähen und ausdauernden Arbeitskraft bedurft, das komplizirte Werk in einigen Jahren zum Abschluß zu bringen. Am 1. Januar 1860 schrieb Dubs an einen vertrauten Freund: „Das Jahr 1859 war für mich ein sehr er=eignißvolles, am meisten freut mich der Abschluß des großen Werkes, an dem ich drei Jahre gearbeitet, des Schulgesetzes. Im Ganzen ists ein Werk, das Zürich Ehre macht und hoffentlich auch Nutzen bringen wird."

Mit den Berathungen über das Schulgesetz fielen zum Theil die über das Fabrikgesetz zusammen. Auch hier suchte Dubs wie Grunholzer u. A. der humanen Anschauung den Sieg zu ver=schaffen. Er kämpfte zuerst für nur zwölfstündige Arbeitszeit der Fabrikkinder, dann für die Freigebung von zwei Vormittagen für die Ergänzungsschule, endlich für die Ausdehnung der letztern auf das 4. Jahr. Drang er auch mit letzterm Punkt und der nur zwölfstündigen Arbeitszeit nicht durch, so konnte doch der andere nicht unwichtige Punkt als Preis hartnäckiger Kämpfe ins Schul=gesetz aufgenommen werden; noch viel Verdienst freilich blieb der Folgezeit übrig.

Gleichzeitig mit der Umgestaltung des Schulgesetzes bewegte den Direktor des Erziehungswesens, der als solcher auch Mitglied des Kirchenrathes war, die Lösung einer andern Frage, zu welcher er eine ganz selbständige Stellung einnahm. Es war die Frage der Kirchenorganisation. In kirchlichen Kreisen war schon vielfach davon die Rede gewesen, daß eine Einrichtung, nach welcher über kirchliche Angelegenheiten nur die Geistlichkeit und schließlich der Große Rath zu entscheiden habe, die aber den Gemeinden und einer selbständigen Volksvertretung keine Stimme einräume, zu den übrigen demokratischen Institutionen eigentlich nicht passe, vielmehr als ein veralteter Mechanismus der Vergangenheit zu überliefern sei. Mehrere Kantone hatten in diesem Sinne reformirte Volks=

synoden eingeführt, und es schien Vielen, der Kanton Zürich, der
ja sonst stets dem kirchlichen Fortschritt gehuldigt, in welchem auch
die freiere Richtung schon bedeutenden Boden gewonnen, dürfe in
diesem Punkte nicht zurückbleiben. Mit seiner gewohnten Em=
pfänglichkeit für zeitgemäße Reform griff Dubs diese Ideen auf,
die mit seinem Ideal einer ächten Demokratie gut zusammen=
stimmten, und sie gestalteten sich ihm bald zum klaren Umriß einer
neuen Kirchenorganisation. Er legte seine Gedanken darüber in
einer Arbeit nieder, die er im ersten Jahrgang der „Zeitstimmen
aus der reformirten Kirche der Schweiz" (1859), also im Organ
der eben im Werden begriffenen kirchlichen Reformpartei, niederlegte.
Unterzeichnet „von einem Laien", treten diese Artikel freimüthig
mit der Forderung heraus: Der Staat gebe der Kirche unter Bei=
behaltung seines Hoheitsrechtes die ihr zustehende freiere Organisation.
Bezeichnend ist die Stelle: „Unserer Ansicht nach halten wir es für
keine gute Politik, wenn der Staat der Kirche eine natürliche und
freie Organisation vorenthält. Ein freier Staat hat an einer kräf=
tigen, gesund entwickelten Kirche für seine sittlichen Fundamente
und für seine idealern Zwecke, also für seine tiefsten Wurzeln,
wie für seine schönsten Blüthen eine Beschützerin, deren Werth
er nicht unterschätzen darf. In diesen Gebieten hilft die Polizei
nicht mehr aus; mit Polizeimitteln kann man am Ende eine gewisse
äußere Ehrbarkeit erzwecken, allein weiter reicht ihre Kraft nicht,
und daß damit im Grunde nicht gar viel ausgerichtet ist, bedarf
keiner weitern Erörterung. Die wahre Sittlichkeit ist kein Produkt
der Polizei, sondern sie entspringt frei aus einer gesunden Reli=
giosität, und diese wird hinwieder am besten gepflegt und entwickelt
durch eine auf natürlichen Grundlagen organisirte Kirche". Hier
haben wir in wenig Worten Dubs wohlgegründete Anschauung
von der Bedeutung der Kirche. Damit sie diese Bedeutung immer
mehr gewinne, wollte er sie sich heranbilden lassen zu einer wahren
Volks= und Landeskirche, in der Leben und frische Bewegung
pulsiren sollte; sie muß, meint er, mitten ins Volksleben hinein,
oder wie er sich in den Worten eines Andern ausdrückt, wie Petrus
hinaus auf die wogende See der Demokratie, wo nur der Ungläubige

sinkt; sie braucht vor Parteibildungen sich nicht zu fürchten, die, gerade Zeichen eines gesunden Zustandes, was als Gift im Innern schleicht, ans Tageslicht schaffen und die Ueberzeugungen stählen. Wohl ist die Kirche, speziell die Geistlichkeitssynode, keine Freundin von Reformen, darum, was sie hervorbringt in ihrer jetzigen Gestalt, fürs kirchliche Volksleben ziemlich unfruchtbar. „Man giesse auch hier nicht neuen Wein in alte Schläuche, man leite einen frischen Geist in frische Formen, und das grosse Schwungrad einer neuen Kirchenverfassung sei eine selbständige kirchliche Volksrepräsentation!"

Es braucht kaum besonders gesagt zu werden, dass hier ähnliche Ideen auf die Gestaltung der Kirche angewendet werden, wie sie derselbe Sprecher früher für die Gestaltung der Rechtspflege, (Jury) des Strafgesetzes und der freiwilligen Armenpflege ins Feld führte. Sie entspringen gemeinsam aus seiner Idee einer gesunden Demokratie, die er mit gleicher Schärfe und Konsequenz auf den verschiedenen Gebieten durchzuführen sucht.

Seine Vorschläge für eine Neugestaltung der Landeskirche blieben freilich, obwohl zu verschiedenen Malen die Synode mit warmem Fürwort dafür einstand, Dank der ablehnenden Haltung des Grossen Rathes ein schöner Traum, und es ergab sich daraus die fast unbegreifliche Thatsache, dass, während alle umliegenden reformirten Kantone jene gesunden Prinzipien kirchlichen Fortschrittes verwirklicht haben, der demokratische Kanton Zürich mit seiner aristokratischen Geistlichkeitssynode allein dasteht, und zwar nicht aus Schuld der Geistlichkeit, sondern aus Schuld der misstrauischen oder indifferenten Politiker. Dubs hat hierin von Anfang an einen weiten und freien Standpunkt eingenommen und denselben auch nach seinem Wiedereintritt in den Kantonsrath (1872) wieder mannhaft vertheidigt.

In die Zeit, während welcher Dubs an der Spitze der Regierung von Zürich stand, fallen auch die beiden eidgenössischen Feste, das Sängerfest von 1858 und das Schützenfest von 1859, an welchen beiden er die Würde und Bürde eines Festpräsidenten zu tragen hatte. Damals stand er, wie einer seiner Freunde bemerkt, auf der Höhe seiner Popularität. Hatte er schon, von Männern wie Prof. K. Keller, Fr. Bürkli, Grunholzer, Reg.-Rath Fenner, Stadtpräs. Heß u. A. unterstützt, das Fest der Sänger glücklich eingeleitet und zu Ende geführt, so gelang ihm dies in ebenso hohem Grade bei dem umfangreichern und bedeutungsvollern Schützenfest von 1859, welches der Zeit nach mit dem Ende der blutigen Kämpfe in der Lombardei zwischen den Franzosen und Italienern unter Napoleon III. und den Oesterreichern zusammenfiel. Seine ideale Auffassung eidgenössischer Feste sprach der Präsident in der Begrüßungsrede aus, mit welcher er aus den Händen des Oberst Kurz von Bern die eidg. Fahne in Empfang nahm. Da finden sich, die damalige Zeitlage zeichnend, folgende Worte:

„Welch' merkwürdige Erscheinung entrollt sich vor unsern Blicken! Hart neben uns ringen drei Länder und Völker in blutigen Schlachten mit einander, um das Prinzip der Sonderung der Nationalitäten zur Verwirklichung zu bringen, und hier auf diesem Festplatze finden sich die nämlichen drei Nationalitäten unter Einem Banner zusammen in Frieden und Freundschaft zu festlichen Spielen! Klingt das nicht fast wie ein wunderbares Märchen und ist doch eine thatsächliche Erscheinung!

Wie aber wurde denn hier diese Einigung der drei dort kriegführenden Nationalitäten möglich? — Dadurch, aber auch nur dadurch, daß keine Nationalität die andere unterdrückt und eigensüchtig ausbeutet, daß jede die Eigenthümlichkeit der andern schont, daß jede die Gleichberechtigung der andern anerkennt und achtet. Auf diesem Grund ist im Schweizerland ein Bund verschiedener Nationalitäten groß geworden.

Unser Fest ist der Herold dieses Gedankens; es repräsentirt im Gegensatz zum großen Krieg der Racen und Nationalitäten die friedliche Einigung derselben im Wege der gegenseitigen Achtung und der Anerkennung der Gleichberechtigung. Er beweist, daß dieser Gedanke nicht blos die Phantasie eines Träumers ist."

Und am Schluß seiner Rede sagt er:

„Die Einheit der Nation sei unsere Festparole. Ich meine damit nicht eine äußere formale Einheit, welche auf

Unterdrückung der Gegensätze und Verschiedenheiten ausgeht. — Aber über den Verschiedenheiten und mit voller Achtung der Berechtigung derselben muß das Bewußtsein einer h ö h e r n Einheit stehen. Katholik und Protestant sollen sich doch als Kinder Eines Gottes, Liberale und Konservative als Söhne Eines Vaterlandes, unsere deutschen, französischen und italienischen Stämme sollen sich doch als Schweizer und nur als Schweizer betrachten. Diese Einheit der Nation ist repräsentirt durch die eidgenössische Fahne. Die Fahne des Vaterlandes, sie lebe hoch!"

Das Fest, an dem die schweizerischen Schützen und fremde Gäste so zahlreich nach Zürich kamen, an dem so viele zündende Worte gesprochen wurden, ist durch manche erhebende Szene, durch die Einkehr der Bremerschützen und die ihnen zu Ehren veranstaltete Seefahrt, den zahlreichen Besuch der Bundesversammlung, den von Herrn Pfarrer Hiestand gehaltenen Festgottesdienst, das angereihte Turn- und Schwingfest u. A. Vielen in unvergeßlicher Erinnerung geblieben. Dem Festpräsidenten war es gegeben, bis zum Schluß des Festes auf der Höhe seiner Aufgabe zu bleiben. Schön war sein Trinkspruch auf die B r ü d e r i n d e r F e r n e, den er anschloß an das Bild des Grußes und Segens, mit dem die liebende Mutter das geliebte Kind segnet. „Die Mutter umfaßt alle mit gleicher Liebe, die Kinder daheim und die Kinder draußen, und die Kinder lieben alle die Mutter in gleicher Liebe, und wenn eines dem andern es zuvorthun wollte, so wärs der Sohn in der Fremde." — Erhebend war es, — so wird erzählt —, wie er von der Rednerbühne den Frieden von Villafranca verkündete, und ebenso, wie er vor allem Volk mit seinem Kollegen, Regierungsrath Treichler, den er im amtlichen Wirken kennen und verstehen gelernt hatte, eine Versöhnung feierte, endlich wie er, als nach dem Festschluß ihm die eidgenössische Fahne in seine Wohnung im kleinen Sonnenhof in Stadelhofen überbracht wurde, in mondbeglänzter Sommernacht sie mit den Worten in Empfang nahm, er sei überzeugt, daß an diesem Fest die Eidgenossenschaft, ihre Kraft und Größe, nicht gemindert worden sei. — Wer als Staatsmann mitten im öffentlichen Leben steht, muß auch die Festtage seines Volkes theilen. Dubs hat es

redlich gethan und wohl auch während dieser mühevollen Tage
Momente erlebt, die ihm als Silberblicke seines Lebens in unaus=
löschlicher Erinnerung geblieben sind.

Wir werfen noch einen Blick auf seine Thätigkeit in den eid=
genössischen Räthen, soweit sie in die Jahre von 1855—61 fällt.
Mit dem Eintritt in die Regierung Zürichs war er in den Stände=
rath übergetreten. Auch hier führte er bald ein gewichtiges Wort.
Als die verhängnißvolle Neuenburgerfrage zum Austrag kommen
sollte, als im Winter 1856 Preußen sich anschickte, die Sache mit
dem Schwert zu entscheiden und die eidgenössischen Truppen schon
an der Grenze standen, eröffnete Dubs' als abtretender Präsident
den Ständerath mit den Worten: „Ich glaube im Sinne des
ganzen Schweizervolkes zu sprechen, wenn ich sage: Die Schweiz
wünscht von ganzem Herzen den Frieden, wenn er mit Ehren möglich
ist; sie ist weder versessen auf eigensinnige Rechthaberei, noch dürstet
sie nach Rache gegen unglückliche Gefangene. Allein wenn ein
Frieden mit Ehren nicht möglich ist, dann zieht sie den Krieg mit
allen seinen Schrecken für die leiblichen Güter dennoch hundertfach
vor einem Frieden, der die Ehre und Unabhängigkeit des Vater=
landes beflecken würde. In diesem Sinne wollen wir an unser
erstes Tagewerk gehen, die eine Hand zum Frieden bieten, die andere
zum Krieg rüsten lassen. Möge der Gott unserer Väter, der die
Schweiz bisanhin durch alle Gefahren so wunderbar geführt hat,
auch jetzt mit uns sein!" Dubs wurde Präsident der ständeräth=
lichen Kommission und wirkte während sämmtlicher Verhandlungen
über die Neuenburgerfrage mit Takt und Besonnenheit auf die An=
bahnung einer ehrenvollen Verständigung hin, bekämpfte in der
Sitzung vom 16. Januar 1857 mit siegreicher Beredsamkeit die
Gegenanträge der Genfer Fazy und Vogt und trug so das Seinige
dazu bei, den Vermittlungsvorschlägen, welche Dr. Kern, Dufour
u. A. auf ihren Missionen zu Kaiser Napoleon erzielt hatten, die
Zustimmung der Räthe zu verschaffen. Der Politik des Mißtrauens
gegenüber, die damals von Vogt und Fazy gepredigt wurde, empfahl
Dubs die Politik des Vertrauens: „Bannen wir rechtzeitig den
schwarzen Wurm des Mißtrauens, welcher die so schön errungene

Stellung der Schweiz im Marke zu erschüttern droht, und einigen wir uns zu dem vorgeschlagenen Akte der Humanität*), der das Friedenswerk in würdiger Weise einleitet." — Der Ständerath stimmte mit allen Stimmen gegen zwei zu den vom Nationalrath schon angenommenen Vorschlägen, und so wurde damals die Neuenburgerfrage in allseitig befriedigender Weise beigelegt. Neuenburg wurde unter Aufhebung aller Souveränitätsrechte Preußens vollberechtigtes Glied der schweiz. Eidgenossenschaft, und die Schweiz sicherte für die bei dem Aufstand der Royalisten begangenen Vergehen Amnestie zu und trug die aus dem Aufstand erwachsenen Kosten.

Noch mehr trat bei einer andern Angelegenheit, welche durch die ganze Eidgenossenschaft hin tiefe Wellen aufwarf, der Ständerath Dubs in den Vordergrund der Aktion, in der sogenannten Savoierfrage. Während er aber im Neuenburgerhandel sich reichlich Dank und Anerkennung erwarb, erntete er hier von ganz entgegengesetzten Seiten, auch aus nahen Freundeskreisen, theils bittern Vorwurf, theils Haß und offene Feindschaft. Nach der Annexion Savoiens durch Napoleon III. drohten die der Schweiz im Fünfzehner Vertrage zuerkannten Rechte betreffend die Neutralität Nordsavoiens und die Besetzung desselben im Kriegsfall illusorisch zu werden oder gänzlich für sie verloren zu gehen. Zuerst war die Aussicht eröffnet worden, daß Frankreich nach seiner Besitzergreifung von Savoien jene Gebiete der Schweiz abtreten werde; da dies aber gegen Erwarten nicht geschah, forderte eine stürmische Partei in der Schweiz, deren Seele der Verein der Männer-Helvetia war, daß auch auf die Gefahr eines Krieges mit Frankreich Nordsavoien sofort von der Schweiz aus mit bewaffneter Hand besetzt werde. Der Bundesrath, Stämpfli an der Spitze, neigte sich dieser Ansicht zu; die Kommissionen beider Räthe wollten zwar feierlich die Interessen und Rechte der Eidgenossenschaft gewahrt wissen, aber auf eine gütliche Beilegung des Streites hinarbeiten und alle Schritte

---

*) nämlich die Freilassung und Amnestirung der royalistischen Gefangenen.

vermeiden, durch welche ein Krieg mit Frankreich hätte heraufbeschworen werden können. Dubs, wieder Präsident der ständeräthlichen Kommission, theilte und vertheidigte diese Ansicht. Am Schlusse seines Berichtes an den Ständerath erklärte er offen, er würde es als Uebermuth betrachten, einen Krieg zu provoziren, dagegen als Unehre, einem solchen auszuweichen, falls wirklich die Schweiz eines ihr zustehenden Rechtes beraubt würde. „In ruhiger Entschlossenheit soll die Schweiz auf ihr gefährdetes Recht und auf ihre bedrohte Stellung hinweisen und sich dadurch der öffentlichen Meinung und der Zustimmung des eigenen Volks versichern. Dann werden, wenn uns Schwereres bevorstehen sollte, die einigen Räthe gewiß auch ein einiges Volk zur Seite finden." — Die Bundesversammlung trat dieser Ansicht bei und lehnte somit ein Losschlagen der Schweiz zur Erwerbung jener Gebiete ruhig ab. Die radikale Partei aber und mit ihr in seltsamem Bunde die ultramontane, waren damit nicht zufrieden und forderten laut sofortige Schritte der Gewalt. Da warf Dubs seine fünf Artikel: „Die tiefern Differenzen in der Savoierfrage"*) mitten in die brandende Bewegung hinein. Sie wurden in beiden Lagern vielfach gelesen, erweckten bei Tausenden Zustimmung und Sympathie, bewirkten aber auch, daß aus dem gegnerischen Lager ein Wetter von Pfeilen sich über den Verfasser ausschüttete, und eine Zeit lang ein ganzer Chor von Zeitungen an ihm ihren Muth kühlte. Es gebricht uns hier an Raum, den Gedankengang des bekannten Schriftchens zu verfolgen. Er stützt sich auf den Hauptgedanken, daß die Schweiz wohl ein Interesse am Besitz von Nordsavoien habe, aber nicht ein Recht auf diesen Besitz. „Bleiben wir bescheiden beim Rechte stehen. So ärmlich und niedrig auch dieses aussieht, so kommt ihm unter der unscheinbaren Hülle doch eine große Gewalt zu; es ist der Herrscher im Reiche der sittlichen Mächte." — „An ihrem vertragsmäßigen Recht auf Besetzung dieser neutralisirten Provinzen soll

---

*) Zuerst in der „N. Zürcher-Zeitung" Nr. 107—113 von 1860 erschienen, dann als Broschüre in deutscher, französischer und italienischer Sprache verbreitet unter dem Titel: Die Savoierfrage rechtlich und politisch beleuchtet.

sie festhalten, aber über dieses nicht hinausgehen. Sie soll weder revolutionäre Propaganda noch reaktionäre Koalitionspolitik treiben." — Es brauchte nicht wenig Muth, um so mächtigen Parteien gegenüber die ruhige Politik der Mäßigung zu vertheidigen. Die Gegner nannten ihn Verräther des Vaterlandes; langjährige Freunde riefen ihm zu, er habe die Bahn des Verderbens beschritten. Er ließ das Gewitter ausdonnern und die Wolken sich verziehen und erlebte die Freude, daß bei ruhigerer Stimmung seine besonnene Haltung ihm verdankt wurde und die Neuwahl der Bundesversammlung im Herbst 1860 sich zu einem Zutrauensvotum für ihn gestaltete. Frankreich anerkannte die Neutralitätsansprüche der Schweiz auf Nordsavoien und hat seither nie daran gerüttelt; eine europäische Konferenz zur schließlichen Regelung der Sache ist freilich nie zu Stande gekommen. — Mitten in den Tagen, da der Streit am hitzigsten entbrannt war, hatte er einem vertrauten Freunde, der ihm zugerufen: „Uli geh' nicht nach Altorf", die Worte geschrieben: „Einstweilen wirst D u D e i n e n Weg gehen und i c h m e i n e n, und wir sprechen dann als alte Kracher darüber, wer den richtigen Weg gegangen sei."

So war also der Zürcher Staatsmann auf dem Boden der eidgenössischen Politik kein müssiger Zuschauer. Wo ihn das Vertrauen des Volkes hingestellt hatte, da trieb es ihn auch, seine Ueberzeugung entschieden und furchtlos geltend zu machen. Es konnte nicht anders sein, als daß er hier, wo die Gegensätze schärfer auf einander trafen, wo es sich zugleich um größere Dinge handelte, auch mächtigern Gegnern sich gegenübersah. So war es zum offenen Kampf mit seinem ehemaligen Studiengenossen Stämpfli gekommen; es sollte nur das Vorspiel noch tieferer Differenzen sein, die in seiner nächsten Lebensperiode auszufechten waren.

Es bleibt uns noch übrig, eines für das häusliche Leben des vielbeschäftigten Mannes bedeutungsvollen Ereignisses zu gedenken, welches in den Anfang des in diesem Kapitel besprochenen Zeitraumes fällt. Nur kurze Zeit hatte er früher, nicht lange nach seinem Eintritt ins praktische Leben, eines häuslichen Glückes genossen. Er hatte sich am 3. Juli 1848 mit Franziska Friederike

Kenter von Wangen, Königreich Württemberg, trauen lassen, die, geboren 1825, ein Mädchen von gesundem Verstand, einfach kindlichem Wesen und lebensfrohem Sinn, obwohl von ganz einfacher Herkunft, dazu geeignet schien, mit ihm ein häusliches Glück zu begründen. Doch war dem durch innige Liebe verbundenen Paare nur ein kurzes Glück beschieden, das wieder dahinfloh wie ein schöner Traum; schon im Januar 1850 starb die junge Frau, nachdem ihr Knäblein Eugen ihr in einem Alter von nur drei Monaten vorangegangen. Sechs Jahre verflossen, bis der Verwittwete sich zu einer neuen Verbindung entschließen konnte. Endlich fand er in der Tochter des Seidenfabrikanten J. Daniel Heiß in Stäfa, Pauline Heiß, geb. 24. Februar 1837, die Lebensgefährtin, welche nach Geist und Gemüth wie dazu geschaffen war, ihm ein ächtes Familienglück zu bereiten, für dessen Pflege es ihm an den nöthigen Eigenschaften nicht fehlte. Am 31. März 1856 wurde das Paar in Küsnacht getraut. Der lang entbehrte Segen eines von tiefem Einklang der Gesinnung getragenen Familienglücks wurde ihm nun in reichem Maße zu Theil. Wer davon Zeuge war, wünschte ihm Glück zu dieser Bereicherung und Verschönerung seines so vielseitig bewegten Lebens. Zwei Mädchen, geboren in den Jahren 1857 und 1858, erweiterten den Kreis der Familie. Wie er einst seiner Schwestern getreuer Bruder gewesen, war er nun auch ein liebevoller Vater, die Stunden in der Kinder Mitte seine willkommenste Erholung. Aber kaum war dies häusliche Glück auf dem Boden seiner Heimat recht in der Entfaltung begriffen, so ergieng an ihn der Ruf, sein Zelt in der Bundesstadt aufzuschlagen; denn am 30. Juli 1861 wurde Dubs an der Stelle des kurz vorher verstorbenen Dr. Jonas Furrer in den Bundesrath gewählt (mit 90 von 124 Stimmen), und mit schwerem Herzen entschloß er sich, aus dem bisherigen Wirkungskreis zu scheiden. Auf die Einladung des Großen Rathes ehrte ihn der Regierungsrath mit einer Dankesurkunde und einem Abschiedsbankett, die Schulsynode in Winterthur sprach ihm herzlichen Dank aus für sein erfolgreiches Wirken, der Sängerverein Harmonie überreichte ihm ein Ehrendiplom, Stäfa hielt ein Bankett ihm zu Ehren, und sein

Heimatsort Affoltern feierte das unerhörte Ereigniß, daß einer seiner Söhne zur Würde des Bundesraths emporgestiegen, mit einem gemüthlichen Freudenfeste. Affoltern hatte Grund, seinen nun so einflußreich gewordenen Bürger zu ehren, hatte er doch, soweit es an ihm lag, durch manigfache Bemühungen dazu beigetragen, daß die Eisenbahn Zürich-Luzern durch seinen Heimatsbezirk geleitet wurde, und war er doch sonst demselben jederzeit ein treuer Rathgeber und warmer Befürworter jedes Fortschritts gewesen. Unter so freundlichen Eindrücken nahm Dubs nach 16jährigem Wirken in verschiedenen Stellungen von seiner engern Heimat Abschied, um in der Bundesstadt neuen Aufgaben und neuen Geschicken entgegenzugehen.

Fünftes Kapitel.

Dubs als Mitglied des Bundesrathes.

1861—1872.

Bin ich nicht ein Mensch gewesen? — Und das heißt ein Kämpfer sein!
Göthe.

Ueber Dubs bisherigem Wirken hatte die Sonne eines seltenen Glücks geleuchtet. Er hatte das Feld gefunden, auf welchem er seine reichen Kräfte entfalten konnte; zu jeder größern Aufgabe, die er angriff, war ihm aus seiner gesunden Natur Kraft, Mannesmuth und ein glückliches Verständniß für die Bedürfnisse der Zeit wie von selbst zugeflossen, in den Hauptfragen, für deren Lösung er einstand, hatte er sich mit der Mehrheit des Volks im Einklang gesehen, und Dank und Anerkennung waren nicht ausgeblieben.

Nun tritt er auf einen größern Schauplatz, gewiß mit dem Gefühl, auch der größern Aufgabe gewachsen zu sein. Wird ihm hier die gleiche Sonne leuchten, oder wird er etwas von der Wahrheit des alten Dichterworts erfahren: Des Lebens ungemischte Freude ward keinem Irdischen zu Theil? Daß auf dem weiten Meer der eidgenössischen Politik andere Stürme brausen, als er sie im kantonalen Leben erfahren, war ihm bisher schon zum deutlichen Bewußtsein gekommen. Ein Mann von so entschieden ausgeprägten Anschauungen wie er, von so lebhaftem Trieb erfüllt, handelnd einzugreifen, mußte auf heftigere Kämpfe gefaßt sein. Und da kein Mann unfehlbar ist, so konnte die Grundanschauung von einer gesunden Demokratie, in welcher unter dem Schutz einer Alle umfassenden Ordnung dem einzelnen Gliede möglichst selbständige Bewegung gewahrt sein sollte, diese Idee, in welcher seine Stärke wurzelte, wenn er sie nun mit unerschütterlicher Konsequenz auch auf eidgenössischem Boden durchgeführt sehen wollte, leicht zu einer Quelle ernster Verwicklungen, schwerer Sorgen und bitterer Erfahrungen werden. Jedes Leben eines bedeutenden Mannes hat seine tragischen Momente; sie sollten auch im Leben dieses Mannes nicht fehlen.

Im September 1861 nach Bern übergesiedelt, übernahm der neue Bundesrath zuerst das Polizei- und Justiz-, dann das Postdepartement, — endlich das politische, als ihm 1864 die Würde des B u n d e s p r ä s i d e n t e n übertragen wurde. An Arbeit, die seine praktische Tüchtigkeit erproben sollte, fehlte es nicht. Hatte auch die „Berner Zeitung" es als eine politische Todsünde erklärt, ihm zu einer Wahl in den Bundesrath zu verhelfen, — gerade in politischen Dingen leistete er dem Vaterland treffliche Dienste. Zu diesen Diensten gehörte sein Antheil am Zustandekommen des schweizerisch-französischen Handelsvertrags, der zugleich auch den Bundesrath dazu zwang, die Frage einer Revision der Bundesverfassung an die Hand zu nehmen. Der in dem Vertragsentwurf enthaltene Artikel, welcher den französischen Israeliten das Niederlassungsrecht in jedem Kanton der Schweiz zusicherte, während in vielen Kantonen gegenüber schweizerischen Israeliten noch beschränkende Bestimmungen in Kraft bestanden, rief heftigen Widerspruch hervor. Ja, man erhob den Vorwurf, es wäre die Annahme jenes Artikels eine eigentliche Verfassungsverletzung, da § 41 der Bundesverfassung nur den Schweizern, die einer der christlichen Konfessionen angehören, freie Niederlassung gewähre. Dubs studierte die Frage nach allen Seiten, wies in der Bundesversammlung die verschiedenen Bedenken, besonders den genannten Vorwurf eines Verfassungsbruchs, schlagend zurück und empfahl aufs Wärmste die Annahme des Judenartikels. Allerdings stellte er dabei die in diesem Punkte nothwendig werdende Revision der Bundesverfassung in Aussicht, durch welche erst der Art. 4, „Alle Schweizer sind vor dem Gesetze gleich", der bisher zu Ungunsten der Juden gebrochen worden sei, wirklich durchgeführt werden könne. In der Stelle seiner Rede, die diesen Punkt berührt, sagt er in seiner charakteristischen Weise: „Das Volk fragt: Wohin führt ihr uns? Vorwärts in das Land, wo das bürgerliche Recht nicht vom Glauben abhängig ist, oder rückwärts in das Land der Abhängigkeit des Staates von der Kirche? Und da müssen wir wohl dem Schiffer nachahmen, der in der Dunkelheit das Schiff lenkt — n a ch d e n e w i g e n S t e r n e n. Auch wir müssen die großen Grundsätze des Menschenrechts und der Rechtsgleichheit zu unsrer Richtschnur nehmen. Und wenn wir da nun einen Ausblick thun auf die Welt, so finden wir mit Beschämung, daß wir in dieser Judenfrage a l l e i n stehen oder in einer Gesellschaft, die fast noch schlimmer ist, als das Alleinsein. Wir sind zum Fingerzeig der europäischen Gesellschaft geworden, und man hat uns in Acht und Bann gethan. Kein Staat will mehr einen Vertrag mit uns schließen, wodurch wir einen Theil seiner Bürger zurücksetzen. Ohne großen Schaden an unserer Ehre und an unsern Interessen ist dieser Zustand unhaltbar geworden. Schreiten wir darum zu dessen Beseitigung!" — Er maß sich in diesem Kampf besonders auch mit Segesser, dem Vertreter der ultramontanen Staatsanschauung. Der schweizerisch-französische Handelsvertrag wurde angenommen.

Die mancherlei Arbeiten und Geschäfte, welche Dubs während seines Wirkens als Bundesrath zufielen, können wir hier nicht im Einzelnen aufzählen.

Zwei interessante Projekte jedoch, die er warm verfocht, müssen wir wenigstens im Vorbeigehen erwähnen, weil sie einerseits von der Neigung unsres schweizerischen Staatsmanns zeugen, in größere Verhältnisse einzugreifen, anderseits davon, daß es auch Fälle gab, in welchen der Hochflug seines unternehmenden Geistes an der nüchternern Betrachtung, sei es der Bundesversammlung, sei es des schweizerischen Volkes entschiedenen Widerstand fand. Das eine Projekt war die Erwerbung des Rechtes auf eine von den Seemächten anerkannte F l a g g e im Interesse der vielen schweizerischen Kaufleute, deren Handelsschiffe die Meere befahren. Es fand keinen Anklang, da man mit Recht einwandte, die Schweiz hätte doch die Mittel nicht, diese ihre Flagge im Falle von Verwicklungen wirksam zu schützen. Das andere Projekt betraf die Besetzung von

Nordsavoien im deutsch-französischen Krieg (1870) mit schweizerischen Truppen. Hier empfahl er eine herausfordernde Aktion, während er in der Savoierfrage davon abgerathen hatte. Rücksichten einer besonnenen Politik sprachen auch diesmal entschieden gegen einen solchen Schritt, der ernste Verwicklungen hätte herbeiführen können.

Doch erscheinen diese Dinge unbedeutend im Vergleich zu einer Frage, die eine Reihe von Jahren die Bundesversammlung beschäftigen und deren Lösung Dubs die schwersten Erfahrungen seines Lebens bringen sollte, wir meinen die Frage der **Bundesrevision**. Die Entwicklung derselben gedenken wir nicht bis ins Einzelne zu verfolgen.

Wir unterscheiden in der Geschichte dieser Bewegung **drei** verschiedene Abschnitte oder Akte, von welchen jeder durch kleine Schriften aus Dubs Feder bezeichnet ist.

Der **erste** Akt spielte sich schon im Jahr 1865 ab. Dubs erschien es als eine Pflicht, zu deren Erfüllung der eben mit Frankreich abgeschlossene Vertrag zwinge, einige revisionsbedürftige Punkte sogleich in Angriff zu nehmen. Die Arbeit zu fördern, gab er die Flugschrift „Zur Bundesrevision" (1865) heraus, in welcher er von vornherein entschieden die Idee des **Bundesstaats** gegenüber der des **Einheitsstaats** vertheidigte, eine Reihe von Reformen als durchaus nothwendig erklärte, eine Anzahl anderer, welche von der sog. jungen Schule, den Vorkämpfern des Einheitsstaats, in die öffentliche Diskussion geworfen wurden, dagegen rückhaltlos bekämpfte. Zu den Punkten, die er empfahl, gehörten z. B. die freie Niederlassung ohne Rücksicht auf das religiöse Bekenntniß, die Ueberweisung aller Rekurse an ein selbständiges **Bundesgericht**, die Glaubens- und Kultusfreiheit, die Freizügigkeit der wissenschaftlichen Berufsarten; — zu denen, die er bekämpfte, die ausdrückliche Trennung von Staat und Kirche, die Centralisation der Strafrechtspflege, des Schulwesens und der militärischen Instruktion, sowie der Rückkauf der Eisenbahnen durch den Bund und das Veto in eidgenössischen Dingen. Doch war ihm aufrichtig daran gelegen, daß einmal wenigstens **etwas** von den nöthigsten Reformen unter Dach gebracht werde, und er warnte am Schluß seines Schriftchens ernstlich davor, „aus Besorgniß, daß der Wind zu stark blasen, oder der Regen zu stark netzen könnte, nicht aus dem Hause gehen zu wollen, um das reife Korn zu schneiden". Als Frevel bezeichnet er, das Tagwerk zu versäumen, zu dem man berufen ist, und schließt mit den vertrauensvollen Worten Göthes:

  Liegt dir gestern klar und offen,
  Wirkst du heute kräftig frei,
  Darfst du auf ein Morgen hoffen,
  Das nicht minder glücklich sei!

Die Bundesversammlung beschloß, jene bekannten neun Revisionspunkte dem Volk vorzulegen, alle wurden verworfen, mit Ausnahme des zweiten, des sog. Judenartikels (14. Januar 1866), ein übles Vorzeichen für den weitern Verlauf des Revisionswerks.

Es war nun einige Zeit stille in Sachen der Revision. Im Jahr 1866 trat Welti aus Aargau in den Bundesrath (für Frei=Herosee), der in jener Frage eine andere Stellung als Dubs einnahm. Indeß beschäftigte sich die Bundesbehörde mit anderen Aufgaben, mit den Gesandtschaftsposten in Paris, Wien, Berlin ꝛc., mit der Juragewässerkorrektion, mit den Telegraphentaxen, den internationalen Postverträgen, letzteres unter besonderer Mitwirkung von Dubs, bis durch Stimmen aus dem Schooße schweizerischer Vereine die alte Frage wieder aus dem Schlummer geweckt wurde und damit in der Entwicklung derselben der zweite Akt begann. Daß Dubs die Sache nie aus dem Auge verloren, beweist die von ihm 1868 veröffentlichte Schrift: „Die schweizerische Demokratie in ihrer Fortentwicklung", welche zum Theil durch die politische Bewegung im Kanton Zürich von 1867 veranlaßt wurde, wie er im Schlußabschnitt offen erklärt. Nachdem er die brennenden Fragen einläßlich durchgangen hat, unterscheidet er in der Schweiz drei große Parteien, die der Vergangenheit, welche, und zwar mit Benutzung erweiterter Volksrechte, den Fortschritt zu hemmen suche, um vielleicht unter günstigen Umständen „den Wagen noch einmal ganz zu kehren", dann die Partei der Zukunft, die auf eine einheitliche Gestaltung lossteure, bei der die Schranken der Kantone fallen müssen, die von einer Zeit träume, wo die Schweiz als erstgeborne Republik auf dem obersten Stuhle Europas sitzen werde. umgeben von einem Kranze von Schwesterrepubliken" und endlich die dritte in der Mitte stehende Partei, welche den Bundesstaat wolle, wie ihn seiner Wesenheit nach die Verfassung von 1848 geschaffen. „Sie will Einheit nach Außen, aber mit einer freien und selbständigen Gliederung im Innern. Sie sucht die Mission der Schweiz nicht sowohl in äußerer Größe, als vielmehr in einer bewußten Durchführung ihrer freien demokratischen Grundsätze. Sie wird sich Reformgedanken nicht verschließen, welche auf der Achtung der beiden Grundlagen unserer Bundeszustände beruhen, sie muß aber ebenso entschieden jeden Angriff auf diese Grundlagen zurückweisen, komme derselbe von links und rechts, beabsichtige man damit die Einheit des Landes oder die Selbständigkeit der Kantone zu schwächen".

Mit diesen nahezu wörtlich ausgezogenen Sätzen (pag. 77, 78) ist die Stellung bezeichnet, welche Dubs nun in den Kämpfen über die Revision von 1871/72 einnahm. Als da wirklich die Bundesrevision wieder „in's Rollen kam", fühlte er noch einmal das Bedürfniß, sich vor allem Volk über seinen Standpunkt auszusprechen. Die Ueberzeugung, daß in dem Loosungswort: Zusammenwirken von Bund und Kantonen, zeitgemäße Ausbildung des Bundesstaats, die Mehrheit des Schweizervolks sich zusammenfinden werde, sagt er, drücke ihm die Feder in die Hand, wenn er in Kürze sein Programm darzulegen suche. Er that dies in der Schrift: „Zur Verständignng über die Bundesrevision", die er mit dem Motto „Jedem das Seine" 1871 erscheinen ließ. Wie er hier von seinem Standpunkt aus nach rechts und links, gegen die Anhänger des alten Staatenbunds, wie gegen die des Einheitsstaats sein Programm vertheidigt und seine Vorschläge formulirt, liegt nicht in unserer Aufgabe zu entwickeln; man lese darüber die Ausführungen in jener Schrift. Daß ihm der rege Antheil an der Revisionsarbeit ernste Herzenssache war, dürfte wohl auch aus dem Schlußwort jener Schrift herauszulesen sein, welches auf die Aufgabe der Schweiz im Kranz der übrigen Völker hinweist.

„Die Schweiz hat nicht nur an sich selbst zu denken, denn, mitten im Herzen Europas liegend, kann sie sich von ihren Umgebungen nicht abschließen, sie hat in der großen europäischen und allgemein menschlichen Familie auch ihre **eigenthümliche Aufgabe** und ihr **besonderes Tagwerk**. Sie repräsentirt die Selbstherrschaft der Kleinen, die sich ihre Selbstständigkeit zu wahren wußten dadurch, daß sie sich zu einem Bunde die Hand boten. Die Schweiz kann vor dieser Idee, deren Fahnenträger sie in Europa ist, nicht desertiren; denn es wird die Zeit kommen, wo diese Idee der Bundesgenossenschaft ihre Verwirklichung noch auf viel weiterm Boden finden wird.

„Ja — auch die Entstehung einer großen Bundesgenossenschaft von Völkern wird kommen und muß kommen, und der Zeiger, der uns diese Zeit verkünden wird, rückt jedesmal um eine Stunde vor, wenn er einen neuen Akt der Verbrüderung anzuzeigen hat. Wir dürfen gewiß sein, daß solches geschehen wird, wenn es uns gelingt in wahrer Brüderlichkeit das Grundgesetz unseres Landes zu verjüngen."

Es kamen die heißen Tage des Kampfes um die einzelnen Punkte der Revision, in welchen Dubs mannhaft seine Ueberzeugung vertheidigte. In einer Reihe von Punkten, die mit seinen Grundanschauungen in innigem Zusammenhang standen, unterlag er; er konnte nicht stimmen für die Centralisation des Militärwesens, nicht für das einheitliche Recht, nicht für die Streichung der Stimmberechtigung der Kantone bei Volksentscheiden über neue Gesetze, nicht für die Fassung der Artikel betr. Niederlassung, Eisenbahn und Banknoten, Schulwesen, Stellung der Kirche und Organisation des Bundesgerichts. Da er sich somit nicht mehr in Uebereinstimmung mit seiner Wahlbehörde zu befinden glaubte, entschloß er sich zu jenem verhängnißvollen Schritt: er nahm am 1. März 1872 seine Entlassung aus dem Bundesrathe. Doch war er nicht gesonnen, auf seinen Einfluß in Sachen der Revision zu verzichten. Er gründete mit Gleichgesinnten, zu welchen besonders die Vertreter der katholischen Kantone und die entschiedenen Vorkämpfer der Kantonalsouveränität, wie z. B. die Waadtländer gehörten, ein besonderes Blatt unter dem Titel „Die Eidgenossenschaft", in welchem am Vorabend der Volksabstimmung (März—Mai 1872) der Revisions-Entwurf energisch bekämpft wurde. Es war wie begreiflich für Dubs eine Zeit außerordentlicher Aufregung, und es ist nicht zu verwundern, daß sie eine Erschütterung seiner Gesundheit auf lange hinaus zur Folge hatte. Was er Freunden mit Sicherheit vorausgesagt, traf ein. Am 12. Mai 1872 wurde der Entwurf der Bundesrevision mit großer Mehrheit vom Schweizervolk verworfen, ebenso von der Mehrheit von 13 Kantonen gegen 9. Damit endete der z w e i t e Akt in der Geschichte der Bundesrevision.

Die Spannung, mit welcher man damals der Abstimmung entgegensah, und die sehr gemischten Gefühle, mit welchen das Resultat aufgenommen wurde, sind Jedermann noch in frischem Angedenken. Wie kommt es, fragten Viele in jenen Tagen allgemeiner Aufregung, daß ein Staatsmann von anerkannt freisinnigen Grundsätzen in dieser Hauptfrage so vielen seiner früheren Gesinnungsgenossen direkt gegenübersteht, dagegen an der Seite Solcher kämpft, die er früher im Bunde mit jenen Gesinnungsgenossen oft bekämpft hatte? — Daß nun Viele auf diese Frage mit dem besten Willen eine befriedigende Antwort nicht fanden, daß ein tiefer Riß entstand zwischen Dubs und der Partei, mit der er früher Kampf und Sieg getheilt, zu der manche seiner nächsten Freunde gehörten, — das nennen wir die tragische Wendung im Leben des Mannes, der bisher in so vielen vaterländischen Fragen ein glücklich entscheidendes Wort gesprochen. Gegner nannten sein damaliges Auftreten ein Unglück, das über den Kanton Zürich gekommen, nähere Freunde und ferner stehende Verehrer wurden an ihm irre und bedauerten, daß ein Mann von so gutem Schrot und Korn diese einseitige Richtung eingeschlagen; der Verfasser dieser Skizze gesteht, daß er auch zu diesen gehörte. Läßt sich nun, nachdem die Wogen des Streits sich gelegt, für die damalige Haltung von Dubs eine genügende Erklärung finden?

Machen wir uns noch einmal die Stellung und die Ziele der Parteien klar. Schon hatte die Verfassung von 1848 einen Theil der Rechte, welche bisher in der Hand der Kantone gelegen, auf den Bund übergetragen, um seine Kraft nach innen und außen zu stärken (Post- und Münzwesen, öffentliche Arbeiten, höhere Lehranstalt ꝛc.). Nun fragte sich: Gebietet nicht die fortgeschrittene Zeit, in dieser Richtung weiter zu gehen? Sollte nicht im Militärwesen, in der Rechtspflege, in Sachen des religiösen Bekenntnisses, des Schulwesens ꝛc. eine größere Einheit durchgeführt werden? Je weiter man aber den Kreis der dem Bunde zufallenden Rechte zog, desto enger mußte der Spielraum werden, in welchem das Recht und das selbständige Leben der Kantone sich bewegte; was dort gegeben wurde, mußte hier genommen werden, und es konnte nun die Besorgniß entstehen, durch Weiterführung jener Einheitsbestrebungen sinke die Bedeutung der Kantone auf Nichts herab, alles Leben fließe den großen Mittelpunkten zu und die bisher innerhalb der Einheit festgehaltene Manigfaltigkeit und Freiheit werde einer kahlen Einförmigkeit, einer gewaltsamen Abschleifung berechtigter Unterschiede zum Opfer gebracht.

Zu Denen, welche diese Besorgniß hegten, gehörte Dubs, und nicht erst von gestern her. Seine Parole war: Stärkung des Bundes, aber nur so weit, als nicht die berechtigte Selbständigkeit der Kantone, die Freiheit der Bewegung des Einzelnen darunter Noth leidet. Von seinem ersten politischen Auftreten an hatte Dubs auf den verschiedensten Gebieten, dem der Armenpflege, der Strafrechtspflege, der Kirche, der Verwaltung überhaupt, das R e c h t und G l ü ck der freien Bewegung des Einzelnen betont und das Hineinregieren einer allmächtigen Staatsgewalt in die individuell sich entwickelnden Verhältnisse bekämpft. Den gleichen Grundsatz betonte er auch, wo es sich um Gestaltung des eidgenössischen Lebens handelte. Wie die Natur der Schweiz eine Fülle der Manigfaltigkeit in sich birgt und die Entwicklung des individuellen Lebens begünstigt, so soll auch die für ein solches Land bestimmte demokratische Verfassung die freie Bewegung des Einzelnen pflegen und fördern, um ihm eine größtmögliche Summe wirklicher Freiheit zu garantiren. Es ist nur die Konsequenz seiner politischen Grundsätze, daß er eine Idee, die seiner originellen Natur so ganz entsprach, die mit seinem Sinnen und Denken so eng verwachsen war, auch in dem Kampf um die Grundlagen der neuen Eidgenossenschaft mit voller Treue festhielt, festhielt auch um den Preis seiner Stellung im Bundesrathe, seiner Popularität im Heimatkanton und in der Eidgenossenschaft. Es war dies ein Akt der Ueberzeugungstreue, und Männern von Ueberzeugung, die zu ihrer Sache stehen, obs Gunst oder Ungunst bringe, sind wir immer Hochachtung schuldig; die Welt hat daran keinen Ueberfluß. In seiner Vertheidigung vom 29. April 1872 „Ein offenes Wort an meine Mitbürger" spricht er jene Ueberzeugung in folgender Weise aus:

„Eine mäßige Einheit mag für uns förderlich sein, aber halten wir wenigstens als gleichberechtigt den Freiheitsgedanken fest, denn die Freiheit der einzelnen Gemeinwesen ist die Mutter der Eidgenossenschaft, und die Mutter soll man ehren. Die Eidgenossenschaft war ja am kräftigsten, als die Bünde noch ganz lax waren; sie schlug ihre Heldenschlachten sogar ohne eidgenössische Reglemente; nur durch die Freiheit kamen wir durch die schlimmen Zeiten der Glaubenszwiste hindurch, und nur durch sie können wir fortfahren, mit drei Nationalitäten und Sprachen dennoch ein einiges Volk zu sein. Uebertreiben wir darum nicht den Werth der formalen Einheit, denn viel werthvoller ist, daß Jeder sich auch in Zukunft in seinem eigenen Hause wohl fühlt, Keiner das bittere Gefühl des Unterdrückten in sich nährt und das Bewußtsein in Allen waltet, daß die Verfassungsparagraphen noch durch innere Einigkeit und eidgenössische Bruderliebe ergänzt und erfüllt werden müssen."

Doch die Sache hat auch ihre Kehrseite. Wenn ein bedeutender Mann von origineller Natur eine Idee mit der ganzen Energie seines Wesens festhält, so ist es leicht möglich, daß er, von der Gewalt dieser Idee fortgerissen, sich in manchen Punkten bis zur Einseitigkeit führen läßt und auch den berechtigten Einwürfen der Gegner sein Ohr verschließt. Die Ansichten über das M e h r oder W e n i g e r der Rechte, welche die Kantone an den Bund abzugeben hätten, konnten verschieden sein bei Männern, die im Uebrigen ein gleich aufrichtiger Eifer für des Vaterlandes Wohl beseelte. In der Hitze des Kampfes vergißt man dies Letztere und stellt sich um so fester auf den einmal eingenommenen Standpunkt. Kommt noch dazu, daß einer so selbständigen Natur wie Dubs ein Gegner von gleicher Selbständigkeit, wie Bundesrath Welti, gegenüberstand, ein Mann, der mehr der Einheitsidee zustrebte und seinerseits ebenfalls von festgegründeter Ueberzeugung ausging, so war einem scharfen Zusammenstoß nicht auszuweichen. Im Kampf der Männer wird der Einzelne weiter getrieben, als er zuvor gedacht, und kommt eher dazu, die eigene Meinung schärfer zuzuspitzen, als sie durch den Gegner mildern zu lassen. Nur daraus können wir es uns erklären, daß Dubs auch berechtigten Anforderungen gegenüber, welche darauf zielten, die Kraft der Eidgenossenschaft im Ganzen zu heben und zeitgemäßen Fortschritt zu fördern, sich ablehnend verhielt und daß er bei seinen Gegnern und früheren Freunden nur Preisgeben der Grundsätze zu sehen glaubte, wo doch auch nach Ueberzeugung und mit redlicher Absicht eine bessere Zukunft des Vaterlandes erstrebt wurde. Es ist nicht unsere Absicht, unserm Helden irgendwelche Unfehlbarkeit des Denkens und Handelns zuzuschreiben. Des Edlen und Gediegenen in seiner Natur bleibt genug, wenn wir auch zugeben, daß ihn hier der Eifer für seine Sache zu weit trieb. Nicht, daß er zu seiner Ueberzeugung mannhaft stund, hat die bittern Vorwürfe heraufbeschworen, sondern daß er zur Verwerfung des Revisionswerkes Schritte that, die ihn auf eine Seite drängten, der er früher fremd geblieben, und die, wenn auch ohne seine Absicht, Leidenschaften weckten, von welchen für eine gesunde Entwicklung der Dinge im Vaterlande Schlimmes zu befürchten war.

Dagegen geben wir gerne zu, daß, weil ihm manche Revisionspunkte geradezu gefährlich und verderbenbringend für eine gesunde Fortentwicklung der Demokratie erschienen — in Manchem haben damalige Gegner seither ihm Recht gegeben — er es als heilige Pflicht erachtete, mit Hintansetzung anderer Rücksichten ihrer Annahme entgegenzuarbeiten. Die schwersten Stunden, die eine Kollision der Pflichten herbeiführen kann, blieben ihm dabei nicht erspart. Wie viel von Schuld dabei auf seine Rechnung, wie viel von Unrecht auf die Seite seiner Gegner falle, darüber müssen wir ein untrügliches Urtheil dem einstigen Ausspruch der Geschichte überlassen.

So viel ist gewiß, daß ein vollgefüllter, ja überfließender Kelch von Vorwürfen, Volksunmuth und schweren Anklagen ihm damals gereicht wurde, und daß, wenn ein gewisses Maß von Schuld ihm zuzuschreiben war, dieses theils durch jene bittern Erfahrungen, theils durch sein nachheriges Bemühen um einen Abschluß des Revisionswerks in vollem Umfang gesühnt worden ist. Den besten Beweis dafür, daß er sich nicht dauernd verbittern ließ, und daß es ihm bei der ganzen Bewegung doch aufrichtig darum zu thun war, das Revisionswerk zu einem guten Ende zu führen, leistete er dadurch, daß er nun beim **dritten** Akte des ganzen Drama's wieder eifrig mit Hand ans Werk legte.

Zwölf Tage nach der Verwerfung des ersten Entwurfs (22. Mai 1872) schrieb er einem Freunde: „Es herrscht selbst auf ultramontaner Seite der-ernstliche Wille vor, zu Reformen Hand zu bieten. Sobald die Bundesversammlung davon absteht, ihrerseits das Werk nochmals zur Hand zu nehmen, werden wir mit allem Ernst das Weitere vorbereiten, natürlich erst für die neue Bundesversammlung". — Bekanntlich nahm die Bundesversammlung selbst die Sache wieder auf; man fand am besten, sich gegenseitig Zugeständnisse zu machen und den Bestimmungen, die am meisten Widerspruch hervorgerufen hatten, die schärfsten Spitzen abzubrechen. Dubs unterstützte diese Bestrebungen theils durch Artikel in der „Eidgenossenschaft", wovon einzelne, z. B. „Die relig. Artikel im neuen bundesräthlichen Entwurf" und „Ein föderalistisches Programm" (1873) in Separatabdrücken verbreitet worden sind, theils durch Verhandlungen mit den Vertretern seines Standpunktes, theils durch sein Auftreten im Nationalrath, dem er nun als Repräsentant des Kantons Waadt angehörte. Besonders in der Westschweiz, deren Bewohner ihm für seine Vertheidigung der kantonalen Selbständigkeit eine außerordentliche Verehrung entgegenbrachten, arbeitete er mit Erfolg für eine günstige Beurtheilung des veränderten Entwurfs. Dieser wurde bekanntlich am 19. April 1874 mit einer Mehrheit von 340,199 gegen 198,013 Stimmen und von 14½ gegen 7½ Ständen angenommen.

Die Bereitwilligkeit, mit welcher Dubs für das Zustandekommen dieses Resultats seinen ganzen Einfluß aufbot, gewann ihm manchen verlornen Freund wieder, und so war es ihm möglich gemacht, in seinem Heimatkanton, in welchen er 1872 zurückgekehrt war, vom Bezirk Affoltern neuerdings in den Kantonsrath gewählt, durch lebhafte Betheiligung an den Verhandlungen das alte Vertrauen allmählig wiederzugewinnen.

Vom hochgehenden Meer der Politik begleiten wir unsern Freund für einen Augenblick in die Stille seines Familienlebens, in welchem er oft nach den Stürmen des Tages willkommene Ruhe suchte und fand. Wir greifen zu diesem Zweck zurück auf das ganze in Bern verlebte Jahrzehnt (1861—72). Er hatte das Glück, einen frischen Kranz von Kindern um sich emporblühen zu sehen, wozu sich freilich auch der Schmerz gesellte, zwei wieder im zarten Alter verlieren zu müssen, die erste noch in Zürich geborne und die dritte Tochter, von welchen jene 1862, diese 1863 den Eltern entrissen wurde. Dafür wuchs die zweite Tochter, geb. 1858, vielversprechend heran, und zu ihr gesellten sich im Lauf der Zeit eine Schwester und drei Brüder. Der glückliche Vater besaß ein feines Verständniß für das Kinderleben und fand mitten aus den Geschäften heraus immer ein Viertelstündchen, sich ihnen zu widmen und ihre Entwicklung zu beobachten. Mit den Kindern wurde er selbst Kind; trefflich verstand er den Kleinen zu erzählen, sei's die Geschichte von den heil. drei Königen und ihrem Stern, oder die Märchen von Grimm, Rothkäppchen, Tischchen deck dich, oder auch solche aus Tausend und einer Nacht. Die Bescheerung am Sylvesterabend pflegte er gewöhnlich mit einer schönen Geschichte einzuleiten. Die Wünsche der Kinder wußte er in der Regel trefflich zu errathen und an solchen Abenden nicht bloß zu erfüllen, sondern zu überbieten. Auch an den Spielen der Kinder nahm er etwa Theil; im sog. „Mühlenspiel" war er ein Meister und schwer zu besiegen, doch ließ er gern bisweilen auch die kleinen Mitspieler gewinnen. Wenn die Kinder ihn im Bundesrathshause besuchten, so hatte er stets irgend ein hübsches Siegel, eine seltene Frankomarke oder ein kleines Naschwerk für sie bereit. Gerne nahm er sie auf seinen täglichen Spaziergang mit; düstres, verdroßnes Wesen duldete er nicht an ihnen. Alles um ihn her sollte fröhlich und heiter zugeh'n. War eines krank, so erschien er oft an seinem Bette, ihm eine Ueberraschung zu bereiten oder etwas Erheiterndes zu erzählen. Er verstand es, mit kurzem Wort zum Guten zu ermuntern, doch auch einen Verweis so zu geben, daß er in die Tiefe drang; dem Tadel ward in der Regel ein guter Rath beigefügt, so daß der Zweck des strafenden Worts sich von selbst daraus ergab. Nicht blinden Gehorsam wollte er, sondern solchen, der in ächter Liebe wurzelte und aus der Ueberzeugung hervorging, daß das Gute gut sei und darum gethan werden müsse. Gern brachte er die Abende im Familienkreise zu, anregend und mittheilsam, wie sich's gerade gab, bald von seinen Reisen durch's Vaterland erzählend, bald auch den Stoff der Geschichte entnehmend, wie er z. B. mit Vorliebe den Lebenslauf des großen Napoleon vorführte. Gerne ließ er sich auch von den Kindern erzählen und hatte Freude daran, wenn sie's thaten in heiterm Tone, mit dem gutmüthigen Humor, den er selbst besaß; Spott dagegen wies er kurz und scharf zurück. Galt es, Menschen zu beurtheilen, so empfahl er mit Nachdruck, nicht nach den Worten zu richten, sondern nach den Thaten, auf die Gesinnung komme Alles an, aus der etwas herfließe; was in den Herzen vorgehe, könne Niemand wissen. Was ihn geistig beschäftigte, wußte er auch im Gespräch klar auseinanderzusetzen, und er ruhte nicht, bis man ihn verstanden, bis man das Gefühl hatte, die Sache verstehe sich von selbst, Aehnliches habe man auch schon gedacht und empfunden.

So entfaltete sich sein vielseitiges Wesen auch im Schooß der Familie in der wohlthuendsten Weise. Kamen festliche Tage, so wußte er ihnen mit einem treffenden Wort die rechte Weihe zu geben, das dann lang noch in der Erinnerung nachklang. Ernste und frohe Familienereignisse waren ihm von hoher Bedeutung. Die Geburt des ersten Sohnes aus zweiter Ehe meldete er einem Freunde mit den Worten Uhland's:

„Der Fink hat wieder Samen,
Dem Herrn sei Dank und Preis.
Wenn dieser Samen nur geräth (26. Nov. 1866);" —

und dem Pathen berichtet er öfter voll Freude von dem Gedeihen des „Gegenstandes" ihrer gemeinschaftlichen Liebe." —

Auch den Freunden und Gästen, die er etwa um sich sammelte, muß es in einem solchen Hause nicht an geistiger Würze gefehlt haben. Wir sind nicht im Fall, hierüber Näheres zu berichten, dagegen legen einige im Manuskript vorhandene Vorträge, die Dubs im Alpenklubb Bern gehalten, davon Zeugniß ab, daß er auch einem größern Kreis eine gediegene Unterhaltung zu bieten wußte. Da er als Bundesrath einige Jahre die Leitung des Post- und Telegraphenwesens unter sich hatte, wählte er zum Gegenstand dieser Vorträge die Erfahrungen und Eindrücke, die er auf seinen Inspektionsreisen über die Alpenstraßen gesammelt. Sie fallen in die Jahre 1865—69 und führen in die Kantone Uri, Graubünden, Tessin und Wallis und in die benachbarten Grenzgebiete. Es ist ein wahrer Genuß, mit dem vaterlandskundigen Bundesrath über Gotthard, Oberalp, Flüela und Bernina, Grimsel und Simplon zu reisen, ihn von Land und Leuten erzählen zu hören, ihn bald in Gesellschaft von Regierungsräthen und Ingenieuren, bald, den Tornister um die Schultern, inkognito das Land durchziehen zu sehen, hier zu hören, wie ihn die Autoritäten des Landes begrüßen, dort, wie er, absichtlich nur als harmloser Straßenklubbist einherwandernd, durch irgend einen Zufall zum Bundesrath sich entpuppt. Immer behält er dabei das Auge offen für die Schönheiten der Natur und für die Eigenthümlichkeiten der Landeskinder. Bald erzählt er in heiterm Humor ein kleines Abenteuer mit Menschen oder mit den Elementen, bald zeichnet er mit wenig Strichen ein schönes Naturbild, welches beweist, daß er nicht umsonst seinen Göthe gelesen. Hier ist's ein stiller Alpsee, ein Bergriese im Silbergewand, eine wilde Thalschlucht, dort ein struppiger Bündner Gastwirth, eine rosige ländliche Schönheit, ein redseliger Kapuziner, was ihn reizt, seinen Pinsel in hellere oder dunklere Farben zu tauchen, immer aber ist's die Freude an dem schönen, so reiche Fülle in sich bergenden Schweizerland, welche über alle seine Schilderungen einen milden Hauch ausgießt und ihn das Kleine nicht verachten, das Große mit ganzer Seele bewundern läßt.

In einem dieser Vorträge z. B. beschreibt er die Einweihung der Flüela-Straße im Jahre 1867. Er trifft, nachdem er der Feier des 100-jährigen Geburtstags von Escher v. d. Linth beigewohnt, mit den Bündner Abgeordneten in Lanquart zusammen, befährt folgenden Tages in ihrer Gesellschaft, nachdem im Davoser Wirths- und Rathhaus den Gästen der aus allen guten Veltlinersäften gemischte „Spendwein" geboten worden, den Flüela, diesen höchsten „bestraßten" bündnerischen Alpenpaß, ruht in Tarasp und besucht dann Sins, Finstermünz, Nauders, Landeck und den Arlberg, die damals schon projektirte Bahn nach Insbruck studierend. Endlich wandert er einer scherzhaften Wette zufolge allein, nur von seinem Tornister begleitet, von Stuben über den Schröcken und, theilweise im Schweiße des Angesichts, durch den ganzen Bregenzer-Wald, um an einem prächtigen Samstagabend in Bregenz anzulangen. Seinem Feierabendgefühl macht er Luft in den Worten: „Es fingen die Glocken der vielen Kirchen und Klöster in und um Bregenz an zu klingen; die Sonne versank golden ins schwäbische Meer, Lindaus Leuchtthurm und Lichter zündeten herüber, es stieg der Mond still empor und versilberte die leise athmenden Fluthen." Dies friedliche Bild sollte das schöne Finale seiner Reise sein; doch fiel er, wie er berichtet, in Konstanz ins 25-jährige Jubiläum des Sängervereins „Bodan" mitten hinein und mußte im Festjubel noch den musikalischen Becher bis auf die Neige leeren, „dann, sagt er, hielt ich es für Zeit zum stillen Abmarsch und schloß mit dem Genuß der noch großartigern Musik des fallenden Rheinstroms den schönen Feiertag und mein fröhliches Herbstreischen." Den Uebergang von der Bergregion in eins der Thäler am Südfuß der Alpen beschreibt er anziehend in folgender Stelle. Er kommt vom Theodulpaß (3322 M. oder 11070 Fuß) und verfolgt den Weg nach Aosta. „Ich wandelte in der Morgenfrische das Thal hinunter, das Schritt um Schritt seine südliche Vegetation mehr zu entfalten begann. Zuerst erschienen vereinzelte, dann bald in Wälder zusammengedrängte Kastanienbäume; dann kamen zahlreiche Obstbäume, hierauf Reben und Maulbeerbäume. Die seitlichen Gebirge verlieren die schroffen Formen; das kahle Gestein bedeckt sich zuerst mit farbigen

Moosen, bald aber kleiden sich die Berge in Baumschmuck und helleres Grün bis auf die Gipfel. Schlingpflanzen umranken die halbverfallenen Häuser und gewähren ihnen eine malerische Dekoration; die Menschen sind halb entkleidet und überlassen es gerne einem Esel, sie der Mühe des Laufens zu entheben; auf den Steinen spielt die Eidechse, und auf dem Baume zirpt die Cikade. — Es ist ein wirklicher Genuß, diese Eigenthümlichkeiten des Südens so Stück für Stück aufrollen zu sehen. Obschon sich das so ziemlich bei allen südlich von den Alpen abfallenden Thälern wiederholt, so frappirt mich der Kontrast mit dem Norden immer aufs neue: es ist, als ob jeder Stein im Süden farbiger, und jeder Mensch eine vollere Persönlichkeit wäre. Es kommt mir immer vor, als sei das einfach Menschliche im Süden stärker ausgeprägt, als komme die Natur mehr zu ihrem vollen Recht."—

In diesem Tone beschreibt uns der Wanderer seine Fahrten zu Fuß und zu Wagen, den Beweis leistend, daß er den poetischen Sinn nicht verloren, den er schon in Jugendtagen der Natur entgegentrug. Zum Beleg dafür ließe sich eine ganze Blumenlese aus diesen Reiseberichten pflücken; wir können uns nicht versagen, noch eine Stelle anzuführen, die einen sinnreichen Anklang an die erste Kindheit enthält und zugleich von des Erzählers tiefer Naturanschauung Zeugniß gibt. Von einer Reise durch Wallis und Tessin zurückkehrend, erzählt er: „Fröhlich wanderte ich nordwärts der Reuß entlang, die mir viel von alten Zeiten erzählte; denn sie ist ein alter Freund von mir, welcher meine engere Heimat bespült und mir manche Kinderfreude gemacht hat. Ich sehe ihr darum immer mit ganz besonderer Freude in die klaren Augen. Die Aare hat freilich eine großartigere Wiege und zeigt in der Jugend schon ihren vor keinem Sprung zurückschreckenden stolzen Sinn und starken stadtumfassenden Arm, und die Limmat ist schon im Glarnerland fleißig und hat ihre Freude daran, daß viele gewerbsreiche Städte und Dörfer sich in ihr bespiegeln. Aber die heimeligste und lieblichste der drei Schwestern ist mir doch stets die Reuß, und der Punkt, wo sie sich sammelt und sich ihren vollen Ausdruck gegeben hat, der Vierwaldstättersee, ist und bleibt doch eine der schönsten Dichtungen des Schöpfers."

Sechstes Kapitel.

Letzte Jahre.

1872—79.

Das Herrlichste im Menschenleben ist Mühe und Arbeit.
(Aus Pf. 90).

Als Dubs aus dem Bundespalast in den bescheidenen Stand des Privatmanns zurückgekehrt war, konnte er doch, entgegen einem seiner früheren Aussprüche, von der Politik, der Arbeit seines Lebens, nicht lassen. Im zürcherischen Kantonsrath brach er wieder, mit seiner Erfahrung und nachhaltigen Beredsamkeit gewappnet, manche Lanze für seine Anschauungen, z. B. bei der Berathung des umfangreichen Gesetzes über die Rechtspflege, bei Anlaß der Bisthumsfrage und des von der Synode gebrachten Initiativvorschlags die Kirchenverfassung betreffend, wo er aufs neue seine Lieblingsidee, die Volkssynode, lebhaft vertheidigte. Der Kantonsrath wählt ihn wieder in den Erziehungsrath, zum Beweis, daß er sich die Achtung seiner Partei zurückerobert. Freilich bei der Nationalrathswahl von 1875 bewirkten seine Gegner, daß er nicht die erforderliche Stimmenzahl erhielt; dafür sicherte ihm der Kanton Waadt in ehrenvoller Weise seinen Platz in jener Behörde. Um so lieber entschloß er sich, die Wahl in das neu organisirte Bundesgericht anzunehmen, dessen selbständige und möglichst unabhängige Organisation zum Theil sein Werk gewesen war. Er siedelte Ende 1875 nach Lausanne über; dort sollte er nach einer Thätigkeit von nur noch drei vollen Jahren sein reiches Leben beschließen.

Wir dürfen ein Unternehmen nicht unerwähnt lassen, das ihm viel Kopfzerbrechens, viel Arbeit und Sorge brachte, viel Spott und schwere ökonomische Opfer eintrug und sich keines Gelingens erfreute, der Gründung jener Gesellschaft zur Erbauung schweizerischer Lokalbahnen. Im Grunde läßt sich in der Idee des Unternehmens wieder jenes Streben von Dubs erkennen, das individuelle Leben des Einzelnen gegenüber der Bevorzugung der großen Mittelpunkte zu schützen und zu heben. Er dachte sich, daß durch die wohlfeilern schmalspurigen Bahnen auch entlegeneren Gegenden die Theilnahme an den Wohlthaten des Verkehrs und der Industrie ermöglicht werden könnte, und hielt die Lösung dieser Aufgabe für zeitgemäß und für bedeutender Opfer werth. Aber bekanntlich fiel in den Anfang der Siebzigerjahre der Vielen unerwartete Eisenbahnkrach; nur Herisau-Winkeln wurde gebaut, die Gesellschaft mußte liquidiren; die schlimmen Zeiten hatten die Ausführung des an sich vielversprechenden Projekts vereitelt. Mit diesen Bestrebungen hing es zusammen, daß Dubs im Sommer 1873 dem im Jahre vorher erlassenen Gesetz betr. die **Eisenbahnsubventionen**, das bekanntlich viel Widerspruch erfahren hat, im Kantonsrath zu einer Auslegung verhalf, die erheblich weiter ging, als es dem ursprünglichen Sinn des Gesetzes entsprach, und durch die er auch für die Schmalspurprojekte die Zusicherung von Staatshülfe erwirkte. Zwar hatten die letztern dieser Hülfe sich nicht mehr zu erfreuen, doch kam Dubs Auslegung andern Linien zu Statten, die ohne Staatshülfe nie ausgeführt worden wären. Sein Auftreten für diese allzufreigebige Verwendung der Staatsfinanzen hat ihm damals gerade unter seinen Gesinnungsgenossen manche Gegner erweckt.

Am 7. Januar 1876 wohnte Dubs zum ersten Mal der Sitzung des Bundesgerichtes bei. Mit Liebe arbeitete er sich in die neue Aufgabe hinein, die ihm ja an sich nicht fremd war, und schien sich auch bald in dem neuen Wirkungskreis wohl zu fühlen. Es war zunächst eine Zeit wohlthätigen Ausruhens von den Bewegungen der rückwärtsliegenden Jahre, die auch seinem körperlichen Wohlsein harte Stöße versetzt hatten. Daß er nun die Dornenpfade der Politik nicht mehr zu wandeln hatte, möchte ihm selbst als ein

Glück erscheinen. Man konnte ihn mit Recht eine Zierde des neugeschaffenen Bundesgerichts nennen; er leistete ihm wesentliche Dienste durch seine große juristische Begabung, seine reiche Praxis auf internationalem und interkantonalem Gebiet, und hob seine Bedeutung durch das Ansehen, welches er in weiten Kreisen genoß; seine Kollegen wußten dies in hohem Grade zu schätzen.

Nicht alle Fälle, welche das Bundesgericht zu behandeln hatte, sprachen ihn in gleicher Weise an. Die staatsrechtlichen Händel hatten für ihn, den Staatsmann und Politiker, einen viel größern Reiz als die civilrechtlichen, wie er auch die Behandlung jener Prozesse als das natürlichste Gebiet des Bundesgerichts bezeichnete und es bedauerte, daß demselben so viele Civilstreitigkeiten zugewiesen wurden. Auf jenem Gebiete aber, dem des Staatsrechts, verfocht er, getreu seinen bisher festgehaltenen Grundsätzen, die kantonale Souveränität überall da, wo er den Kanton für besser zur Lösung der Frage geeignet hielt, als den Bund, während er freilich auch das Recht des Bundes auf den Gebieten vertheidigte, die er ihrer Natur nach als Domänen des Bundes betrachtete. So trat er als der konsequenteste Kämpfer für das kantonale Recht auf und beklagte gelegentlich, „daß gerade diejenigen seiner Kollegen, denen er politisch am nächsten stehe, über das den Kantonen zugehörende Recht hinwegschreiten, als gäbe es nur ein Recht des Bundes". — Auch bei den Streitigkeiten civilrechtlicher Natur machte sich sein scharfer Verstand oft in glänzender Weise geltend; doch verließ er sich bei seinen Urtheilen mehr auf den natürlichen Sinn für Billigkeit und auf den gesunden Menschenverstand, als auf das formale Recht, dem er schon darum nicht sehr gewogen war, weil ihn seine Studien schon früh mehr nach einer andern Richtung geführt hatten.

Das Ansehen des Bundesgerichtes, dieser noch jungen Schöpfung, lag ihm sehr am Herzen. Brach zwischen Bundesrath und Bundesgericht ein Kompetenzstreit aus, so trat er entschieden für die Kompetenz des Bundesgerichts ein, die nach seiner Ueberzeugung von Anfang an zu eng begränzt worden war.

Wiewohl seine Wahl zum Bundesrichter von dem einen oder andern Mitglied des Kollegiums mit einigem Bedenken aufgenommen

worden war, der nähere Umgang mit ihm, der den Kollegen einen
heitern, freundlichen und stets theilnehmenden Sinn entgegenbrachte,
verwandelte bald das Mißtrauen in Zutrauen. Er erwarb und erhielt sich die Achtung und Liebe der Kollegen, und noch einen Monat
vor seinem Tode, am 10. Dezember 1878, bewies ihm die Bundesversammlung ihre Anerkennung durch die Wahl zum Vizepräsidenten.
Schon die Anzeichen schwererer Krankheit erkennend, konnte er sich
dieser Ehre nicht mehr recht freuen. Noch einmal erschien er in
jener Eigenschaft in der Sitzung und wurde noch zum Präsidenten
der Kriminalkammer gewählt; es war am 4. Januar 1879; am
10. ließ er sich wegen Krankheit entschuldigen, und schon am 13.
war er nicht mehr unter den Lebenden.

Neben seiner praktischen und amtlichen Thätigkeit zog sich
während seiner letzten Lebensjahre eine wissenschaftliche hin, der wir
die reifste und schönste Frucht seines Denkens und Schaffens, sein
Volksbuch: „**Das öffentliche Recht der schweiz. Eidgenossenschaft**" verdanken. Daß er nach den stürmischen Jahren
politischen Kampfes und bitterer Enttäuschungen, nach harten An-
griffen, die seine Gesundheit erfahren, noch Lust und Freudigkeit
zu dieser Arbeit fand, die man seinen „Schwanengesang" nennen
könnte, ist wohl der beste Beweis für die unverwüstliche schöpferische
Kraft, die in seiner Natur lag.

Er erzählt uns*) die Entstehungsgeschichte des Werks. „Es
war in jener freudig schaffenden Zeit, sagt er, da nach Einführung
der neuen Bundesverfassung sich fast auf allen Gebieten staatlicher
Thätigkeit frische Schöpfungen zeigten, als die Frage der Einführung
einer sog. Civilschule oder bürgerlichen Unterweisung zum ersten
Male in weitern Kreisen zur Besprechung kam. Eines Tages besprach ich dieses Thema mit meinem verstorbenen Freunde, Herrn
Diakon Heinrich Hirzel in Zürich, welcher an Gaben des Geistes
und Gemüths so ausgezeichnete Mann auch an solchen politischen
Fragen lebhaften Antheil nahm. Wir kamen dabei auf das Be-
dürfniß eines bezüglichen Lehrmittels zu sprechen und Hirzel sagte:
„Das müßtest aber Du schreiben!" In diesem Worte Hirzels liegt

---

*) Vorwort zur I. Aufl. S. 11.

der Keim meiner jetzigen Arbeit". — Zwei Jahrzehnte praktischer Politik in kantonalen und eidgenössischen Angelegenheiten verhinderten schriftstellerische Thätigkeit. „So ist ein volles Vierteljahrhundert zwischen der ersten Anregung und der Ausführung verflossen, und was am heimatlichen fleißigen Zürichsee gesäet worden, entwickelte sich erst am großen blauen Lemansee zur Frucht". — Und was wollte er mit dem Buche? — Er wollte zur Förderung der politischen Volkserziehung den jungen Bürgern die Grundgesetze der Kantone und der Eidgenossenschaft, die Verhältnisse der Gewalten, der Behörden zu einander, des Bundes zu den Kantonen und umgekehrt verständlich auseinandersetzen, um der „hohlen politischen und patriotischen Phrase, dieser wahren Landespest", entgegenzuwirken, um die Jugend in die unsren politischen Institutionen zu Grunde liegende Gedankenwelt einzuführen und zum eignen politischen Denken anzuleiten. „Aus der Erkenntniß der Landeseinrichtungen wird dann die Vaterlandsliebe von selbst erblühn; denn recht lieben kann man ja erst das, was man auch kennt."

Das Werk nahm seines Verfassers Mußestunden besonders in den Jahren 1876 und 1877 in Anspruch. Es ward vollendet im Oktober 1877, erschien auf Neujahr 1878 und schon in zweiter Auflage im Sommer 1878. Nur die Dubs eigenthümliche Gabe rascher Produktion mag es erklären, daß die Arbeit in so kurzer Zeit zu Stande kam. Freilich umfaßt sie von drei beabsichtigten Theilen nur zwei, das **Kantonalstaatsrecht** und das **Bundesstaatsrecht**; an der Vollendung des dritten, der die **völkerrechtliche Stellung der Schweiz** hätte darstellen sollen und der in Entwürfen in Angriff genommen war, verhinderte ihn der Tod. Auf die Ausarbeitung der zwei uns vorliegenden Theile verwandte er seines Lebens letzte Kraft und Energie; er hätte seinem Vaterlande kein schöneres Vermächtniß hinterlassen können. Man hat gesagt, wenn er nur dies geleistet hätte, so hätte er genug gethan, um den warmen Dank der Heimat sich zu verdienen. Doch läßt sich das Werk von seinem Wirken nicht trennen; es ist vielmehr dessen Blüthe und wohlausgereifte Frucht. Seit die erste Idee desselben vor seinem Geiste aufstieg, hat jede im Dienst des Kantons und der Eidgenossenschaft gesammelte Erfahrung gleichsam dazu mitgeholfen, die Steine zum Bau herbeizutragen, und als nun die Zeit größerer Ruhe erschien, fügten sich die Bausteine wie von selbst zum Ganzen zusammen. Freilich kostete dies manche nächtliche Stunde ernster Arbeit, aber sie brachte dem Autor auch manche Stunde hoher Wonne. Seine Hoffnung auf eine freundliche Aufnahme des Werks ist noch bei seinen Lebzeiten in Erfüllung gegangen. War es nicht wie eine Fügung der Vorsehung, daß sein Leben mit diesen Jahren stillerer Thätigkeit schließen sollte, da ja im Sturm und Drang politischen Wirkens das Werk schwerlich das Licht der Welt erblickt hätte? Und bildete es nicht einen schönen Abschluß seines reichen Lebens, daß es ihm vergönnt war, der Idee der Demokratie, für deren vernünftige Verwirklichung er die volle Kraft eingesetzt hatte, in einer dem Volke gewidmeten Darstellung auch noch die geistige Gestalt zu geben, in welcher sie der Jugend kommender Geschlechter am besten zum Bewußtsein kommen, zum innern Eigenthum werden konnte?

Folgendes ist des Buches Inhalt. — Nach einer allgemeinen Einleitung über Recht und Staat geht der Verfasser zum Kantonalstaatsrecht über und erläutert die Verfassung und die ganze Organisation des Staates, beleuchtet die gesetzgebende, die vollziehende, die richterliche Gewalt und ihr gegenseitiges Verhältniß zu einander, ferner die Rechte, dann die Pflichten des Volks und der Bürger, die staatlichen Parteien und endlich die nichtstaatlichen Verbindungen nach ihrem besondern Wesen, die Familie, die Gemeinde und die Kirche.

Der zweite Theil führt auf das weitere Gebiet des Bundesstaatsrechts. Er beginnt mit den Staatenverbindungen im Allgemeinen und geht von diesen über auf den Bund, das Land und Volk der Schweiz, auf die Souveränitätsverhältnisse und die Bundesverfassungen. Einläßlich werden nun die bundesstaatlichen Gewalten und ihre Kompetenzen umschrieben, die gesetzgebende Gewalt (Nationalrath und Ständerath), die Bundesregierung und das Bundesgericht, ferner die Volksrechte, die individuellen Rechte der Bürger und die der Kantone. Ein Hauptabschnitt ist endlich den verschiedenen Kompetenzgebieten des Bundes gewidmet, nämlich der auswärtigen

Politik, der Polizei, dem Militärwesen, dem Finanzwesen, den öffentlichen Arbeiten, dem Unterrichtswesen, der Münze 2c., der Rechtsgesetzgebung 2c. und ein letzter Abschnitt den Bundesbeamten. Im Schlußwort entwickelt Dubs noch einmal einläßlich seine Lieblingsideen vom Wesen der Demokratie, in welcher die freie Entwicklung der Individualitäten mit fester Ordnung im Ganzen verbunden sein sollte. „Unser Herzenswunsch ist, — so schließt er — daß die Schweiz sich selbst treu bleibe, daß sie immer bleibe, was sie von jeher war, eine freie staatliche Genossenschaft, nicht nur der äußern Form nach, sondern auch im Geiste und in der Wahrheit, in gegenseitiger Liebe, Treue und Verträglichkeit und in steter Festhaltung auch der höhern vaterländischen und menschlichen Lebensziele!" —

Wer die hier aufgezählten Gegenstände überschaut, denkt vielleicht, ein Buch, das sie behandelt, müsse trocken und ermüdend zu lesen sein. Aber diese Klippe, an der mancher Andere schon gescheitert ist, hat unser Darsteller glücklich vermieden. Mit der scharfen und klaren Entwicklung der Begriffe weiß er drei Elemente zu verweben, die dem an sich trocknen Stoff Leben und Reiz verleihen. Aus seiner reichen Geschichtskenntniß zieht er fortwährend Angaben darüber, wies im gleichen Punkt in alten Zeiten und in andern Ländern gestanden, in die Erklärung hinein; mit Glück und Geschmack, mit dem ihm eigenen Sinn für volksthümliche Anschauung und Sprechweise wendet er, wo der Stoff es erlaubt, treffende Bilder und Gleichnisse an und versäumt es nicht, schwierige Begriffe durch gute Beispiele dem Verständniß nahe zu bringen, und endlich stehen ihm an passender Stelle alte Sprüche und Sprichwörter, Aussprüche von Rechtsgelehrten und Dichtern zu Gebote, die jeweilen den Nagel auf den Kopf treffen, das Gedächtniß unterstützen und wohlthätige Abwechslung bringen. So z. B. um den Gedanken allgemein verständlich ins Licht zu stellen, daß für uns die Republik die beste Staatsform sei und die Vorliebe für sie gleichsam in der Luft liege, sagt er:*) „Draußen im Flachland hätte sich die Republik bei den großen Stürmen, die seit ihrer Gründung Europa durchtobt haben,

---

*) Thl. I., S. 31.

jedenfalls nicht in die Jahrhunderte zu erhalten vermocht. Unsere Berge waren der Schirm der Republik. Und es mag sein, daß wir im Angesichte der Majestät der Alpen auch nicht mehr den richtigen Sinn für die Erhabenheit der menschlichen Majestät besitzen; daß der stolze Gedanke, keinen Höhern als Gott über uns anerkennen zu müssen, uns für die Einsicht der Vortheile, die auch der Monarchie eigenthümlich sind, weniger empfänglich macht. So ist denn in freud= und leidvollen Zeiten die Republik bei uns in Fleisch und Blut übergegangen derart, daß es für den Schweizer unmöglich ist, sich anders denn als Republikaner zu denken, und obschon die Schweiz mit ihrer Staatsform in Europa ziemlich vereinzelt dasteht, so haben sich doch die übrigen Staaten mit der Zeit ebenfalls ziem= lich an dieselbe gewöhnt, zumal sie ihren Nachbarn den Vortheil gewährt, einen Staat um sich zu haben, der weder Beruf noch Neigung in sich fühlt, sich in ihre Händel einzumischen. — Und was man denn auch anderwärts von den Gefahren und Gebrechen der Volksherrschaft sagen mag, für uns ist es nicht überzeugend; wir sind daran gewöhnt und sagen mit dem Dichter des Tell: „Den schreckt der Berg nicht, der auf ihm geboren!" Ist das nicht eine kernhafte, klarverständige und zugleich schöne und gemüthswarme Sprache?

Natürlich bringt es der Gegenstand mit sich, daß das Buch auch gründlich erörternde und sorgfältig aufzählende Partien enthält, und daß solche nicht fehlen, gibt ihm noch einen besondern Werth. Denn es nöthigt den Leser, als welchen wir uns am liebsten den angehenden Staatsbürger, den stimmberechtigten Jüng= ling denken, sich alle die politischen Begriffe, die Staats= und Rechtsverhältnisse, auf welchen unser öffentliches Leben ruht, klar zu machen und dadurch in politischen Fragen urtheils= und wahrhaft stimmfähig zu werden. Wie unwissend sind nicht gerade in diesen Dingen so viele unserer jungen Republikaner, wie mancher geriethe in die größte Verlegenheit, müßte er uns nur den Unterschied der verschiedenen Gewalten, die Befugnisse unserer eidgenössischen Räthe, das Wesen der Schwurgerichte oder etwa die Ausdrücke Tagesord= nung, eventuelle Abstimmung, Instanzenzug, Souveränität ꝛc. erklären!

Er schlage dieses Buch auf, er wird über alle solche Fragen einleuchtende Auskunft finden. Drum ist es als eine wackre That anzuerkennen, daß ein schweizerischer Staatsmann, der aus den Kreisen des Volks zu den höchsten Würden der Republik aufgestiegen war, die lichtesten Stunden seines Lebensabends dazu benutzte, von dieser Höhe in jene Kreise wieder hinabzusteigen und freigebig die Schätze seines Wissens und seiner Erfahrung zum Gemeingut zu machen; auch das ist kein kleines Verdienst ums Vaterland. Es wäre nur zu wünschen, daß Alle, die ihr Bildungsgrad dazu befähigt, besonders Solche, denen Gemeinds- oder kantonale Beamtungen anvertraut werden, sich das Lesen dieses Buches zur heiligen Pflicht machten, und höchst erfreulich wäre es, wenn etwa Lehrer, die das Buch gelesen, die erwachsene Jugend einer Gemeinde an Winterabenden um sich sammelten, um an der Hand dieser Schrift sie in die Pflichten und Rechte des Republikaners einzuführen.*)

Als der erste Band von J. v. Müllers Schweizergeschichte herausgekommen war, wurde er nicht nur von den Gelehrten, sondern auch in den Hütten des Volks gelesen und besprochen. Dem Buche von Dubs ist Aehnliches widerfahren. Wie wir hören, haben sich Familien zusammengethan, gemeinsam das „Oeffentliche Recht" durchzulesen, und gewiß entspricht es nur dem Sinne des Verfassers, wenn auch Frauen und Töchter sich in diese Fragen vertiefen und dadurch den Vorwurf zu entkräften suchen, daß sie in wichtigen Angelegenheiten ihres Vaterlandes unwissend dastehen. Wir wissen auch, daß der Verfasser, während er mit seinem Werke beschäftigt war, Tag für Tag mit Gattin und Töchtern den Fortgang der Arbeit besprach, ihre Ansichten über wichtige Punkte zu erfahren suchte und bei dunklern Partien dem Verständniß freundlich nachhalf. Das feine und oft so sichere Gefühl der Frauen hielt er für berechtigt, auch in solchen Fragen sich geltend zu machen, wollte er doch in seinem Buche**) auch der Frauenwelt einen größern

---

*) Als eigentl. Lehrmittel für Fortbildungsschulen dürfte schon wegen des Umfangs und Preises die Schrift sich weniger empfehlen, dagegen wird sie jedem Lehrer der Vaterlandskunde die besten Dienste leisten. Für die Hand des Schülers eignet sich mehr das Schriftchen von Sem.-Dir. Rebsamen: Leitfaden der Gesellschafts- und Verfassungskunde (Frauenf. Huber, 176 S.) dem die Bundesverfassung von 1874 beigedruckt ist.

**) Thl. I., S. 140.

Einfluß auf manche Gebiete des öffentlichen Lebens zuerkennen, und besonders in Fragen der Erziehung die Stimmen der Mütter zu ihrem Rechte kommen lassen, wie er sich äußert: „Durch eine aktive Betheiligung der Mütter an den Schulfragen würde eine viel wirksamere Handreichung von Schule und Haus erzielt werden, deren mangelhaftes Ineinandergreifen einen Hauptschaden unserer jetzigen Erziehung bildet".

Darum möge sich Niemand durch den juristisch klingenden Titel vom Lesen des Buches zurückhalten lassen. Je tiefer man sich hineinliest, um so mehr gewinnt man die Ueberzeugung, daß man den zuverlässigsten Führer zur Seite habe, und wohlthätig wirkt die warme vaterländische Gesinnung, die das Ganze durchströmt und die auch dem scheinbar Unbedeutenden Bedeutung verleiht. Wer das Buch mit Beharrlichkeit durcharbeitet, wird ihm sicher eine Bereicherung an Vaterlandskenntniß und Vaterlandsliebe verdanken.

Zwischen Studierstube und Familienstube bestand im Dubs'schen Hause ein lebhafter Verkehr; drum sei uns vergönnt, von der Stätte der literarischen Arbeit aus noch einmal Einkehr zu halten im Familienkreise, um das Bild der letzten Lebensjahre zu ergänzen. Die älteste Tochter war nun herangewachsen; die zweite und die drei Knaben standen auf verschiedenen Stufen des jugendlichen Alters. Die Letztern nahm der Vater gerne auf Fußreisen mit, ihnen das schöne Vaterland zu zeigen; ihr Ränzchen auf der Schulter zogen sie an seiner Seite durchs Wallis, durchs Bündnerland, durchs Tessin ꝛc. Seinen Kindern den Sinn für Natur und Kunst aufzuschließen, war auf solchen Fahrten sein angelegentliches Bestreben, was ihn von Kindheit an angezogen und erfrischt, sollte auch ihnen zum Quell reiner Freuden werden. Wie er auf solchen Gängen gern erzählte und erklärte, so auch im Gespräch um den Familientisch herum. Beschäftigte ihn ein verwickelter Prozeß, so theilte er die Streitpunkte den Seinen mit, und sie mußten ihre Ansichten äußern. Auch die Poesie wählte er gern zum Unterhaltungsgegenstand, er las Gedichte vor von Schiller, Uhland, Chamisso oder auch leichtere Unterhaltungslektüre, und im Gespräch citirte er gerne, meist zu humoristischem Zweck, ein geflügeltes Wort, sei's aus

Shakespeare, den er hochschätzte, oder aus seinem Lieblingsgedichte, Bürgers „Abt von St. Gallen" oder sonstwoher. Charakteristisch war überhaupt sein ausgesprochener Sinn für das Schöne. Frische Blumen, besonders Nelken, duftige Früchte sah er gerne in seiner Umgebung, ebenso gediegene Werke der Kunst, deren Verständniß er im Gespräch trefflich aufzuschließen verstand. Und die der Kunst so nahe verwandte Religion nahm im geistigen Verkehr mit den Seinen ebenfalls die ihr gebührende Stelle ein. Nicht wortreich oder lehrhaft sprach er über religiöse Dinge, sondern so, daß dabei sein Reichthum an Geist und Gemüth sich ungezwungen offenbarte. „Einem solchen Gatten und Vater", sagt unsere Berichterstatterin, „hatten wir die schönsten und reinsten Freuden zu verdanken, die auf Erden allein dauernd beglücken."

Leider sollte dieses schöne Zusammenleben, das in Lausanne sich besonders innig gestaltet hatte, viel früher, als die Seinen es ahnten, ja schon zu einer Zeit abgebrochen werden, als er einem Freunde es als seinen einzigen Wunsch bezeichnet hatte, „noch so lange zu leben, bis seine Kinder etwas herangewachsen seien." (Dez. 1878). Der Schlag kam unerwartet, aber er war nicht unvorbereitet. Schon nach den aufregenden Revisionskämpfen (1872—74) hatte er öfter an Schlaflosigkeit gelitten, die wieder im Zusammenhang stand mit einer nervösen Reizbarkeit, welche man sonst an ihm nicht kannte. Deutliche Nachwirkungen blieben, und wie mannhaft er auch Mißmuth und Aerger niederkämpfte, es zehrte etwas an seiner Lebenskraft, und vielleicht warf er, um es zu vergessen, sich nur um so energischer in die Arbeit hinein. Aber die zwei schlimmsten Begleiter, Engbrüstigkeit und Schlaflosigkeit, meldeten sich immer von Neuem wieder an und ließen das Gefühl vollen Wohlseins nie recht aufkommen. Ob er sich in der ruhigern Stellung des Bundesrichters auf die Dauer wohl gefühlt hätte, ist nach seinen eigenen Aeußerungen zu bezweifeln; den einstigen Regierungs- und Bundesrath zog es bisweilen mächtig zur politischen Bühne zurück. Als seine Freunde im Frühling 1878 ihn bestürmten, sich für die Regierungsrathsstelle im Heimatkanton vorschlagen zu lassen, kostete ihn die endliche Einwilligung einen harten Kampf. Die Bedenken, die er von Anfang an geäußert, gründeten sich zunächst auf sein körperliches Befinden. „Nach dem jetzigen Zustand", schreibt er am 13. März 1878, „muß ich eher auf einen Stuhl im Himmel als auf einen solchen im Rathhaus Zürich Bedacht nehmen. Hoffentlich kommt es zwar wieder etwas besser, allein die Sache ist doch so, daß ich mit allen Gedanken an Wiederaufnahme einer politischen Stellung im Bund oder im Kanton abgeschlossen habe." — Endlich überwog der Gedanke, es sei Pflicht einzustehen, wenn durch seine Persönlichkeit bei der Zerklüftung der Parteien dem Kanton ein wesentlicher Dienst geleistet werden könnte. Nun schreibt er (4. Mai): „Der Entschluß ist mir unendlich schwer gefallen. Aber es sind allerdings Töne angeschlagen worden, welche mir eine schroffe Weigerung fast zur Unmöglichkeit machten. Nun jacta est alea!" (Der Würfel ist geworfen!) Das negative Resultat der Wahl war eine neue herbe Erfahrung, die jedenfalls auch nicht ohne Wirkung auf sein ganzes Befinden blieb. Während der Wahlagitation und der gegnerischen Angriffe, die ihn nicht schonten, hatte er geschrieben, eine negative Entscheidung würde ihm persönlich blos aus dem Grunde bemühend sein, weil sie ihn aus der Heimat gewissermaßen für ewig verabscheiden würde, „und das würde mich gemüthlich viel mehr schmerzen, als die Niederlage selbst." Einem Freunde gegenüber, der gerade bei ihm auf Besuch war, sprach er beim Abschied die Ahnung aus, er werde ihn schwerlich wiedersehen. Es war sehr begreiflich, daß er sich nicht bewegen lassen wollte, einen zweiten Wahlgang zu gewärtigen, seine Aeußerung hierüber mag am besten dazu dienen, seine Stellung zur Sache zu beleuchten. „Das wäre ein Widerspruch gegen den ganzen Gedanken meiner Kandidatur. Ich habe dem Zürchervolk meinen guten Willen bewiesen und bereue dies nicht, verüble ihm auch nicht, daß es Bedenken gezeigt hat, diese Dienste anzunehmen. Allein ich halte mich an die Thatsache, daß es mich nicht behaftet hat, und daß ich frei bin. — Ich konnte die Kandidatur annehmen, um, wie man mir sagte, einem klaren Volkswillen entgegenzukommen. Meine Freunde haben sich darin getäuscht; seit diese Täuschung am Tage liegt, sie festhalten wollen, hätte den Anschein, sie selbst gesucht zu haben, was mit der Wahrheit im Widerspruch wäre. Für mich persönlich ist es viel angenehmer, mit 25,000 Stimmen ein wenig **unter dem** absoluten Mehr zu stehen, als mit einigen Stimmen **darüber.** Ersteres gibt mir als Privaten eine schöne Satisfaktion, Letzteres hätte mir als Regierungsrath eine fast unhaltbare Stellung gegeben." Im Herbst überfiel ihn eine heftige Halsentzündung mit Fieber, die auffallende Schwäche zurückließ. Als Reconvalescent schrieb er seinem Schwager (11. Dez.): „Seit einigen Wochen schleiche ich am Stock herum wie ein Achtziger, und ich wäre über diesen Verfall der Kraft recht ängstlich, wenn nicht glücklicherweise wenigstens der Kopf ganz hell geblieben wäre. Ich bin in einer offenbaren Krisis begriffen; wo das Ding hinaus will, wird wohl das nächste Frühjahr zeigen." — Leider wurde die Krisis bald eine entscheidende. Die erste Woche des Jahres 1879 warf ihn aufs neue aufs Krankenlager; von dem wiederkehrenden stärkern Anfall war bald die noch übrige Kraft gebrochen, und schon am 13. Januar war seinem vielbewegten Leben ein unerwartet frühes Ziel gesetzt.

Wir wollen die Trauer der Familie, der Verwandten und Freunde, auch Mancher, die auf dem Kampfplatz vaterländischer Politik ihm gegenübergestanden, nicht näher beschreiben. Das gewaltige Trauergeleite, welches am 17. Januar den Verewigten über den Montbenon nach dem Friedhof von Lausanne geleitete, legte ein beredtes Zeugniß dafür ab, daß die Theilnahme, welche in der nächsten Umgebung sich in wahrhaft imposanter Weise kund gab, auch in den weitesten Kreisen im Vaterlande ihren Widerhall fand. In Lausanne waren die Schulen, Kanzleien, Kaufläden und Magazine während der Trauerfeier geschlossen. Dem mit den Zürcher- und Waadtländer-Farben und reichem Grün geschmückten Sarg folgten außer den Angehörigen eine Abordnung des Bundesraths, das Bundesgericht, viele Mitglieder der Bundesversammlung, die Vertreter der Regierungen von Zürich, Luzern, Freiburg, Neuenburg, Genf, Baselland, Tessin, Wallis, die zahlreich vertretenen Behörden des Kantons Waadt, die Professoren und Lehrer der Akademie und der verschiedenen Schulen, eine Schaar von Vereinen mit 60 umflorten Fahnen und über 3000 Bürger von Lausanne und andern Orten. Gesänge klangen ins Grab, und in kräftigen, von Herzen strömenden Reden wurde des Hingeschiedenen Andenken gefeiert. Bundespräsident H a m m e r gab zuerst, nachdem er des Verstorbenen politische Laufbahn geschildert, der allgemeinen Stimmung in folgenden Worten Ausdruck: „Die öffentliche Meinung, die in der Republik das Todtengericht bildet, hat nur Gutes über ihn bezeugt. Ueberall, in allen seinen öffentlichen Stellungen hat Dubs unvergängliche Spuren seiner Arbeitskraft und Tüchtigkeit hinterlassen. Der Ruhm eines guten Bürgers und eines großen Staatsmannes folgt ihm ins Grab. Neben seinen öffentlichen Aemtern und ihrer gewaltigen Arbeitslast fand der Verstorbene noch Zeit, seine Ideen über die Angelegenheiten des Vaterlandes in zahlreichen Schriften niederzulegen, und unmittelbar vor seiner tödtlichen Krankheit schrieb er noch das meisterhafte Werk über das öffentliche Recht der schweiz. Eidgenossenschaft, das er dem Schweizervolk und speziell der mannbaren Jugend widmete, das nun sein politisches Testament geworden und als solches von jedem Schweizerbürger als theures Vermächtniß betrachtet werden soll." Zum Schluß rief er ihm ein Lebewohl nach in die Gruft: „Ruhe aus von all' den Mühen und Kämpfen im Frieden Gottes und der Menschen, Du, der Du dein Leben so gut ausgefüllt hast, der Du dem Lande und uns allen zur Ehre gereichst. Dein Gedächtniß aber bleibe uns nicht allein ein kostbares, unvergängliches Andenken, sondern auch ein Sporn zur Nacheiferung und ein großes Vorbild." — Während dann der Präsident des Bundesgerichts, M o r e l von St. Gallen, die Verdienste des Richters und Staatsrechtslehrers beleuchtete, schilderten die Worte des waadtländischen Staatsrathspräsidenten Estoppey die tiefgegründete Sympathie, die das Volk des Waadtlands dem Verewigten entgegengebracht, und die eigentlich erst den Schlüssel gibt zu der ganz außerordentlichen Theilnahme, welche sich bei dem Begräbniß kund gab. Von dieser Sympathie waren die Schlußworte seiner Rede getragen: „Und wenn wir unsere Kinder auf diesen Friedhof an das Grab des großen Todten führen, so wollen wir sie ermahnen, seinem Beispiele zu folgen. Ja, unsere Kinder und Kindeskinder sollen das Andenken dieses größten Eidgenossen unserer Zeit dadurch ehren, daß sie ihm nacheifern und gute Bürger unseres freien

Vaterlandes werden! — Lebe wohl, Dubs, ruhe im Frieden!" — Auch Regierungspräsident Walder von Zürich widmete in einer am Abend auf die Einladung des Staatsraths von Waadt erfolgten Versammlung der verschiedenen Trauerabordnungen dem großen Bürger Zürichs einen warmen Nachruf. Er gab die Erklärung, am Grabe dieses herrlichen Mannes seien alle Parteidifferenzen verstummt, die gesammte zürcherische Presse und das gesammte zürcherische Volk hätten sich vereinigt in der ungetheilten Anerkennung der unvergänglichen Verdienste dieses bedeutenden zürcherischen und schweizerischen Staatsmannes, Bürgers und Patrioten. — Wir schließen gerne den Bericht über die erhebende Feier mit dieser wohlthuenden Erklärung, die über manches Vergangene, was zum tragischen Geschick des einst in seinem Kanton so allgemein verehrten Patrioten gehörte, einen milden Schleier zu legen geeignet ist.

Ob es zu beklagen war, daß Dubs sein Leben nicht mit einem erneuten Wirken in der Heimat beschließen konnte — wer will es entscheiden? Uns will scheinen, es habe, wie ehrenwerth auch sein Entschluß war, nochmals der Heimat seine ganze Kraft zur Verfügung zu stellen, die höhere Hand es gut mit ihm gemeint, daß sie dies Opfer nicht mehr von ihm forderte. Er schrieb auch unmittelbar nach dem Entscheid (20. Mai) in diesem Sinne: „Meine gesammte Familie nahm das Resultat mit Jubel auf, und auch meine Kollegen zeigen insgesammt Freude, daß ich meinen jetzigen Posten nicht verlasse. Der Volksentscheid hat also von den Betroffenen Niemanden unglücklich gemacht." — So bildet das in stiller Geistesarbeit gereifte Werk, bei dessen Entstehung das Ideal der Republik, welches er im Herzen getragen, beständig in klaren Zügen ihm vorschwebte, den Abschluß und die Krone seines reichen Lebens. Klagen wir darüber, daß ihn der Tod so früh entrissen, so danken wir auch dafür, daß uns durch ihn so viel zu Theil geworden.

———

Am Grabe des Verstorbenen standen auch eine Anzahl Männer, welche treue Jugendfreundschaft von den Schuljahren an mit ihm verbunden hatte. Aus ihrem Munde kann man jetzt noch erfahren, wieviel er als Freund den Freunden gewesen. Auch die vielen Briefe, die er von den Studienjahren an in heiterer und ernster Stimmung seinen Jugendgenossen geschrieben, sind aus demselben Geiste aufrichtiger und thatkräftiger Freundschaft hervorgegangen. In Jünglingsjahren legt er in solchen Briefen seine Vorsätze nieder; einem Freund, der, wie er, für die Presse arbeitete, schreibt er, einer Zeit frischen Lebens in politischen Dingen entgegensehend (1849): „Gewaffnet wollen wir sein, perfid dagegen nicht!" — demselben, der seine Hoffnungen auf eine befriedigende Stellung in der Welt nur langsam sich erfüllen sah: „Du weißt, daß Jakob um seine Rahel sieben Jahre diente und dann erst noch nicht ans Ziel seiner Wünsche kam. Ein gewisser beharrlicher Sinn führt am Ende doch zum Ziel." — Trifft einen Freund ein schwerer Verlust, so ist er bereit mit einem Worte des Trostes. So richtet er an einen Jugendgenossen, dem ein trefflicher Vater entrissen worden, die schönen Worte (1851): „Folge Du ihm fest auf seinen Pfaden als ein Mann, der ebenso unverrückt, wie der Verewigte unter steter Bekämpfung der Selbstsucht nach den einzig werthvollen höhern Gütern emporringt und dem Vaterlande und der Menschheit sich nöthigenfalls opfert. Erfülle so die Sendung, von welcher der Verewigte leider zu früh abgerufen worden ist! Laß den bittern Schmerz Deine Kräfte und Entschlüsse stählen!" — Er konnte auch Freunden den Text lesen in Ernst und Humor, wenn sie eine Sache nicht mit dem Feuereifer angreifen wollten, den er erwartete. In seinem 50. Jahre schreibt er in einem solchen Falle: „Ihr betrachtet euch schon als passés in einem Alter, wo man eigentlich erst recht anfängt. Da hätte ich doch am Ende noch mehr Grund zu einer solchen Lebensauffassung; denn ich darf wohl sagen, daß ich Einiges hinter mir habe. Ich habe aber meinerseits das Gefühl, daß ich erst recht anfangen wolle, daß nun die Jahre der Vollkraft vorhanden seien, wo man weiß, was man will, und will, was man weiß." — Daß er im Sturm der politischen Kämpfe gern sein Herz ausschüttete gegen vertraute Freunde, aber auch da die Ueberzeugung nicht zurückhielt, wenn sie der des Freundes schnurstracks zuwiderlief, versteht sich von selbst. Der Ton des herzlichsten Vertrauens, den er in Freundeskreisen anschlug, konnte auch übergehen in heitern Scherz und Witz, wie er im Jahr 1862 von Bern aus einem Pfarrherrn im weinreichen Limmatthal schrieb: „Ich sehe in der Zukunft unseres Vaterlandes noch eine Periode des Sturms kommen. Was der Ausgang sein wird, das weiß Gott. Nun ich gedenke ruhig und unerschrocken auf der, wenn auch einsamen Warte auszuharren. — Aber wenn ich so mitunter hinblicke auf Dein stilles Pfarrhaus und den Lobgesang höre, den die Vögel der Erde ihrem Beschützer singen, gar nicht zu sprechen von den Lobgesängen der lustigen Vögel des 22ger Jahres, so kann ich mich des stillen Seufzers nicht enthalten: „Maria, Du hast den bessern Theil erwählt!" — Wie er denselben einst um Besorgung eines guten „Neuen" ersuchte, that ers in folgenden Zeilen:

„Ein rechter Landesvater
Sich stets erneuen soll;
Drum wünscht er, daß der Pater
Ihm „Neuen" schicken soll.
Denn in die neuen Schläuche
Gießt einen neuen Wein!
Sonst bricht das Alter ein
Und werden schlaff die Bäuche!" —

Eine wahrhaft herzandringende Beredsamkeit entwickelt er einem andern geistlichen Freunde gegenüber, der in Betreff der freiwilligen Armenpflege nicht mit ihm harmonirte, und den er auf seine Seite hinüberziehen möchte (Nov. 1852): „Du hast mir einst zugerufen, die Gerechtigkeit zu verwalten, die meines Amtes. Ich vergelte Dir in dieser sonntäglichen Morgenstunde jenen Ruf, indem ich Dir auch zurufen möchte, Dich von der polizeilichen Theorie abzuwenden und Deines Amtes der Liebe zu pflegen. — Es ist gewiß so wahr, wie die Sonne am Himmel steht, daß Ihr mit dem Zwang, den Ihr gegen den Armen wendet, das Uebel des Pauperismus nur vermehret; daß Ihr dieses gräuliche Ungethüm überhaupt nur vernichten werdet, wenn Ihr den Repräsentanten des Zwangs, den Staat, von der Verwaltung dieses Zweiges wegstoßet und dieselbe lediglich in die Hand der Liebe legt. Warum ist Dir denn der Glauben daran abhanden gekommen? Hättest Du ihn, Du würdest spielend das schwere Werk vollenden. Wie kannst Du, Mann, der ein so großes Kapital von Liebe in sich trägt, es so vergraben und statt damit zu wuchern, den großen Narrentanz mitmachen, von dem alle mit wüsten Köpfen zurückkehren? — Ach könnte ich Dir so recht den ganzen Fluch, der im Gebrauch von Zwangsmitteln liegt, deutlich machen; ich trage ihn ja in seiner ganzen Schwere auf mir und kenne ihn darum und schäme mich fast vor mir selbst. Darum möchte ich Dich gerne davon wegstoßen. — Stünde ich auf dem Platze, auf welchem Du stehst, und wäre ich mit Deinen Mitteln ausgerüstet, so würde ich einen heiligen Kreuzzug eröffnen gegen das System der Gewalt und des Schreckens, ich würde ihm entgegenstellen das System der Freiheit und der Liebe. Was Du mit diesen zwei Elementen binden würdest, das würde in Ewigkeit gebunden, und was Du damit lösen würdest, würde in Ewigkeit gelöst sein."

Fast möchte man sagen, es hätten in diesem Dialog der Jurist und der Theologe die Rollen getauscht, und nicht minder anziehend ist es, fast zehn Jahre später aus einem ähnlichen vertrauten Freundesbriefe zu ersehen, wie der Staatsmann in einer der wichtigsten religiösen Fragen der Neuzeit, der Frage nach der göttlichen oder menschlichen Natur des Erlösers, nach Klarheit ringt und dem Freunde die in ernstem Nachdenken gewonnene Ueberzeugung darlegt. Da heißt es: „Mir ist gerade dieser Läuterungsprozeß in Jesus das Höchste, und dieser ist ja ganz undenkbar ohne innerlich vorhandene Gegensätze. Wie soll der Mensch, welcher das Unservater gebetet hat, nicht das Bewußtsein der Sündlichkeit in sich getragen haben! — Mir ist das Große in der Erscheinung Christi nicht der Glanz einer geistig strahlenden Persönlichkeit, nicht das in ihm verkörperte Geisteswunder, sondern das Große ist mir ein unabläßiges Ringen und Niederkämpfen der Sünde, welches seinen höchsten Abschluß in seinem Opfertode findet, wo er mir erst mit dem Worte: Es ist vollbracht! zu Dem wird, was ich göttlich heiße. — Darum liegt mir aber der Hauptaccent auch nicht auf seiner Lehre, sondern ebenso sehr auf seinem Beispiel. Dieses ist die Blüthe, jenes ist die Frucht; aber es kommt Niemand zur Frucht, als durch die Blüthe hindurch."

Diese wenigen Beispiele mögen genugsam beweisen, daß Dubs mit seinen Freunden in einem lebhaften und anregenden Geistes= verkehr stand, daß er auch in diesem Kreise, wenns galt, zu rathen, zu ermuntern, oder die tiefern Kammern des Herzens aufzuschließen, in seine Worte seine ganze Persönlichkeit hineinlegte. Der regen Thätigkeit nach außen entsprach eine reiche innere Welt, und wiederum den Worten die Thaten und Leistungen, die davon zeugten, daß Freundschaft und Treue für ihn nicht leere Worte waren.

Rückblick.

Die Liebe hört nimmer auf. I. Cor. 13. 8.
Inschrift auf Dubs Grabstein.

Soll ein Menschenleben tiefere Spuren zurücklassen, die nicht der wechselnde Luftzug menschlicher Meinungen alsbald wieder ver= weht, so dürfen darin folgende Dinge nicht fehlen. Erstens ein Ideal, das schon aufdämmert in den Träumen der Jugend und später den gereiften Mann zu kräftigem Wirken begeistert; zweitens die Arbeit, welche weder geringe Dienste, noch große Opfer scheut, in der Welt bleibenden Segen zu stiften; drittens der Kampf, der eine feste Ueberzeugung einsetzt und, unbeirrt durch Lob oder Tadel, das für recht und gut Erkannte mannhaft vertheidigt. Keines von diesen Dreien fehlte in Dubs Leben. Ein einflußreiches Wirken im Dienst des Vaterlandes, die Veredlung und Vervollkommnung der republikanischen Staatsform, das war sein Ideal. Die ener= gische und gewissenhafte Arbeit war in allen Stellungen, die er bekleidete, seine Lust; wo er stand, hat er Spuren dieser Arbeits= lust zurückgelassen. Und daß Mensch sein soviel heißt als Kämpfer sein, geht ebenfalls aus seinem Lebensgange klar hervor. Den Kampf hat er nie gescheut, wo es galt, einem guten Gedanken den Weg zu bahnen; in der Presse und im Rathsaal, mit scharfer Feder und gewichtigem Wort trat er rüstig auf den Plan, für die Schwurgerichte, für das Schulgesetz, für die Befreiung Neuenburgs von Preußens Oberhoheit, für die Reform der Bundesverfassung und für zahllose kleinere Fortschritte auf vielen Gebieten legte er seine Lanze ein, und wenn er sich dabei auch Wunden und Narben holte, — das wird ihm Jeder nachrühmen, er ließ sich nicht dauernd verbittern, er stellte sich nicht grollend auf die Seite, er bewahrte die innige Liebe zu seinem Vaterlande und war bis zum letzten Athemzug bereit, seine Kraft ihm zu opfern.

Zum Schluß vergegenwärtigen wir uns noch in kurzen Zügen, wie der Mann, der Solches leistete, zu seinem schönen Berufe ausgerüstet war. Vor Allem war ein scharfer Verstand seine glückliche Naturgabe, zu dem sich ein klarer praktischer Sinn und eine energische Willenskraft gesellte; wie hoch er selbst diese Gabe schätzte, geht schon daraus hervor, daß er als Gymnasiast zu einem Jugendfreund im Vertrauen äußerte, wenn er von seinem Vater einst nur den guten Verstand erbe, so wolle er zufrieden sein. Nicht minder werthvoll war für ihn sein reiches, sinniges Gemüth, aus dem sein Sinn für Freundschaft und für ein trautes Familienleben, sein fröhlicher Humor, sein Talent für Geselligkeit, seine lebhafte Theilnahme am Wohl und Weh der Mitmenschen entsprang. Mit beidem verband sich als edelstes, von der Mutter ihm zugefallenes Erbtheil der Sinn für das Schöne, für das Ideale, der so früh in ihm aufgieng, vermöge dessen er überall der Welt und dem Leben eine höhere Seite abzugewinnen wußte. Wie klar und edel, wie anziehend und für alles Volk verständlich wußte er in Bildern zu sprechen, wie mächtig ergriff ihn die erhabene Schönheit unserer Berge noch in seinen Mannesjahren, und wie viel Freude fand er auch im Anschauen von Werken der Kunst! Man mag aufschlagen, wo man will in seinen Schriften, Reden, Briefen, seine Sprache ist gehoben und getragen von diesem Sinn für das Schöne und Edle; wer für das Volk schreiben will, kann gerade in diesem Punkt unendlich viel von ihm lernen. Diese an sich schon werthvollen Gaben erhielten endlich ihre Weihe durch die angeborne Empfänglichkeit für gesundes religiöses Gefühl, mit der sich unzertrennlich eine feste sittliche Gesinnung verband. Während er Pfaffentrug und unwahre Frömmelei schon als Student in den schärfsten Ausdrücken verurtheilte, hatte er dagegen die tiefste Achtung vor allem ächt frommen Sinn; wo er ihm begegnete, hielt es für heilige Pflicht, ihn im Volke zu pflegen, für unrecht, ihn zu verletzen, und war selbst gewohnt, in allen Lebenslagen der Macht der Religion eine heilige Stätte einzuräumen. Das waren die Elemente, die in seiner Natur sich glücklich vereinigten und die überhaupt in irgend welcher Gestalt einem ächten Volksmann nicht fehlen dürfen, der segensreich auf seine Zeit- und Volksgenossen wirken will.

Mit einer gesunden Religiosität mußte nach seiner oft ausgesprochenen Ueberzeugung ächte Menschenliebe verbunden sein. Daß dies bei ihm kein leeres Wort war, davon haben manche ansprechende Züge aus seinem Leben ein sprechendes Zeugniß abgelegt. Wer, ohne zu seinen speziellen Freunden zu gehören, seiner Hülfe bedurfte, war sicher, Rath, Auskunft, Förderung, thatkräftigen Beistand zu finden, und wenn er Dienste leistete, that er es mit einer Liebenswürdigkeit und Freundlichkeit, die dem Bittenden die Gabe doppelt werth machte. Bekannt ist, wie er einen Knaben, der es gewagt hatte, sich an den Vorsteher des eidgenössischen Postdepartements mit der Bitte um Postmarken zu wenden, mit einem wohlgefüllten Marken-Album erfreute. Der Armut verschloß er nie seine Hand; auch die Armen von Lausanne hatten nach dem Zeugniß eines dortigen Geistlichen durch seinen Tod einen thatkräftigen Freund und Helfer verloren. Auch das verdient Jedermann zum Exempel weiter erzählt zu werden, wie er, als die flüchtige Bourbaki-Armee im Jahr 1871 in erbarmungswürdigem Zustande sich auf Schweizergebiet zurückziehen mußte, als Bundesrath auf dem Bahnhof Bern den Hungernden Suppe aus dem Kessel schöpfte, und wie er auf seinen starken Armen einen schwerverwundeten französischen Sergeanten aus dem Eisenbahnwagen durch die Halle trug, ihm die nöthige Pflege zu verschaffen. Solche Züge sind nicht vereinzelte leuchtende Punkte seines Lebens, sie bezeichnen den Sinn, in welchem er gewohnt war, das Gebot der Menschenliebe zu erfüllen.

Wohl dürfen wir uns freuen, daß ein Mann von diesen schön zusammenstimmenden Eigenschaften aus unserm Volke hervorgegangen ist, und daß er den Ursprung aus dem Volke niemals verleugnete. Wie jener orientalische Fürst, von dem erzählt wird, daß es vom

Hirtenknaben bis zum Fürstenthron gebracht, seinen Hirtenstab und -hut als Heiligthümer aufbewahrte, um seiner Abkunft nie zu vergessen, so blieb Dubs, nachdem er die Stufenleiter politischer Ehren emporgestiegen, ein treues Kind seiner Heimat und fand stets seine Freude dran, mit Leuten aus dem Volk wie mit Seinesgleichen zu verkehren. Der Stätte, wo seine Wiege stand, ist er nie fremd geworden, und wenn er als eidgenössischer Post= und Telegraphendirektor zu Fuß seine Inspektionsreisen unternahm, da wars ihm ein Vergnügen, inkognito mit Andern, welche gerade dieselbe Straße zogen, mit Landleuten, Wanderburschen, Postboten, Straßenwächtern, Frauen und Kindern anzubinden, und dadurch ins geistige Leben aller Volksklassen lehrreiche Blicke zu thun. So wuchs in ihm fort und fort die Anhänglichkeit an das in seiner Manigfaltigkeit so schöne Schweizerland, das er immer mehr auch in seinen entlegensten Theilen kennen lernte; er kenne die Schweiz wie seine Hand, konnte er von sich sagen.

Es ist das Leben eines wackern Republikaners, welches wir an uns vorüberziehen ließen. In vielen Zügen spiegelt es getreu die Natur unseres eigenen Landes und Volkes in sich ab. Wird ein solches Leben vom Volk und der Jugend aufmerksam betrachtet, so kann dies sicher beiden nur Freude und Segen bringen. Das Volk freut sich, eines solchen Mannes Wirken, an dem es zum Theil mitbetheiligt war, zu verfolgen, und fühlt an mancher Stelle: Er ist hervorgegangen aus unserm Fleisch und Blut. Die Jugend, die sich des gleichen Vaterlandes rühmt, sieht vor sich die gleiche Laufbahn offen, und Mancher, der edle Gaben in sich fühlt, mag denken: Wohlan, was ihm gelungen, sollte es einem Andern nicht auch gelingen? Möge so das kleine Lebensbild in manchem Freunde des Verewigten schöne Erinnerungen auffrischen und in mancher frischen Jugendseele feurige Liebe zu unserm Vaterlande wecken, und zugleich den festen Vorsatz, diesem herrlichen Lande uneigennützig einst ein volles und reiches Leben zu weihn! —